Rainer Hackenberg *arbeitet als Reise-, Industrie- und Werbefotograf. Von seinem Wohnort Köln aus konnte er die Mosel ganz neu entdecken.*

Wolfgang Veit, *freier Journalist, lebt zwar in München, doch die Mosel liegt für ihn ganz nahe – er liebt feine Weine.*

Liebe Leserinnen, liebe Leser!

Der Tipp kam von dem Fotografen dieses Bandes, Rainer Hackenberg, der gemeinsam mit seiner Frau viele Wochen lang an der Mosel unterwegs war, „nicht versäumen dürft Ihr den Calmont-Klettersteig, der Aufstieg ist zwar mühsam, die Aussichten zwischendurch und das Panorama oben jedoch einzigartig." Es galt also, Deutschlands steilsten Weinberg zu erklimmen. 290 m erhebt er sich über dem Flusstal. Angesichts Wandererfahrung im Schwarzwald und in den Alpen erschien mir das nicht allzu viel. Ein schweißtreibendes Unterfangen war es an dem heißen Sommertag dennoch. Manchmal scheint es geradezu senkrecht bergauf zu gehen, immer wieder sind Leitern und Stufen zu bewältigen. Doch oben angekommen, entschädigt der Blick wirklich für alle Mühen. Tief unten glitzert der Fluss, eingefasst von Weinhängen, Wiesen und Wäldern. Die Abbildung auf S. 10/11 liefert Ihnen einen Vorgeschmack auf diese einmalige Szenerie. Doch ich muss Sie warnen, der Aufstieg ist kein Spaziergang, Sie sollten unbedingt schwindelfrei sein, und festes Schuhwerk ist eine Selbstverständlichkeit.

Bilderbuchburgen und hübsche Städte

Wer sich dem nicht aussetzen möchte, für den hält die Mosel vor allem zwischen Trier und Koblenz viele andere Highlights bereit. Faszinierend vor allem die Burgen – leicht kann man ins Debattieren geraten, welches denn die schönste, imposanteste, romantischste sei. Unzweifelhaft ein Meisterwerk der mittelalterlichen Architektur ist die Reichsburg in Cochem, aber dann gibt es da noch die Burg Eltz, eine wahre Prachtburg mit edlem Interieur, oder die Ehrenburg oder, oder. Dazu kommen wunderhübsche kleine Orte, liebliche Weinterrassen und die eindrucksvollen Städte Trier und Koblenz. Die Mosel bietet sich geradezu an für einen Kurztrip oder auch eine längere Urlaubsreise.

Spitzenweine von steilen Lagen

Weingenüsse sind dabei unbedingt garantiert. In den letzten Jahrzehnten haben die Moselweine eine wahre Renaissance erlebt, zu den weltbesten Weinerzeugern gehören heute einige Moselwinzer, deren Weine selbst nach vielen Jahren noch durch ihre Qualität und außergewöhnliche Frische überzeugen. Rita Henss, die Autorin des Savoir-Vivre-Kapitels, ist für verschiedene Zeitungen und Reiseführer immer wieder an der Mosel zum Testen und Herausfinden der besten Adressen unterwegs. Ihnen verrät sie auf S. 105 ihre besonderen Empfehlungen.

Herzlich Ihre

Birgit Borowski

Birgit Borowski
Programmleiterin HB Verlag

Burgenromantik

Seite 30–43

Beinahe wie aufgereiht wirken die Burgen an der Mosel. Sie alle künden trutzig von Rittertum und Mittelalter und dabei besitzt doch jede, wie die Eltz, einen eigenen Charakter.

Aktivitäten

Seite 44–55

Die Moselhöhen laden mit ihren Weinbergen geradezu zum Wandern ein, wie hier der Bremmer Calmont. Gemütlicher kann man es bei einer Dampferfahrt angehen lassen.

Weingenuss

Seite 68–77

Golden glänzt der Riesling im Glas. Es bieten sich unzählige Gelegenheiten, ihn zu genießen: bei Weinproben auf Weingütern, bei Winzerfesten.

Große Namen

Seite 56–67

Einige Orte an der Mosel können sich berühmter Söhne rühmen und vermitteln anschaulich deren Leben und Werk. So wird das Schaffen des Nikolaus von Kues auch in Bernkastel-Kues (hier die Bibliothek) eindrücklich vor Augen geführt.

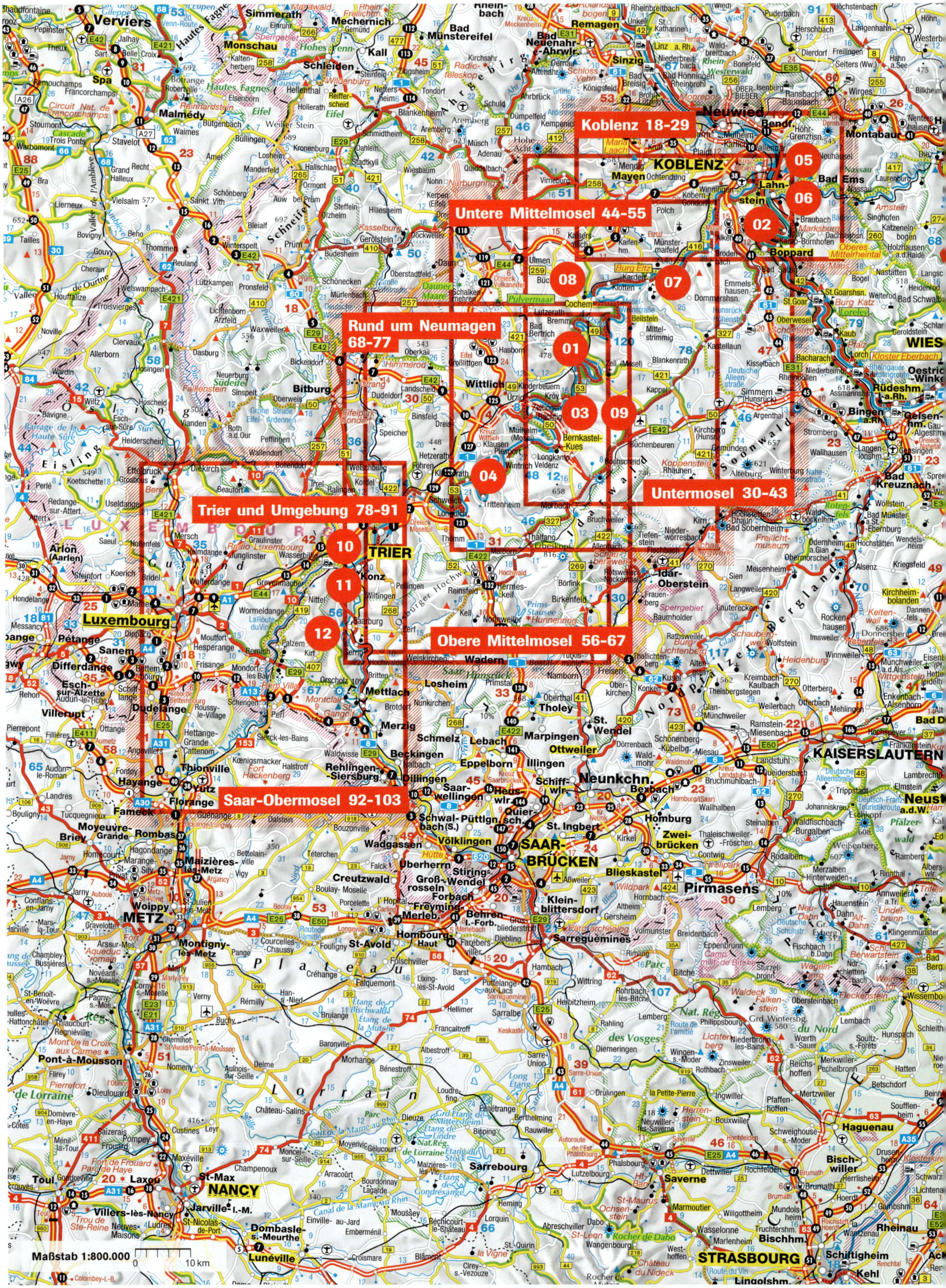
Koblenz 18-29
Untere Mittelmosel 44-55
Rund um Neumagen 68-77
Untermosel 30-43
Trier und Umgebung 78-91
Obere Mittelmosel 56-67
Saar-Obermosel 92-103
01
02
03
04
05
06
07
08
09
10
11
12
KOBLENZ
TRIER
Luxembourg
SAAR-BRÜCKEN
KAISERSLAUTERN
METZ
NANCY
STRASBOURG
Maßstab 1:800.000
0
10 km

DIE BESTEN TIPPS DER REDAKTION

AKTIV

01 Für Schwindelfreie 54
Nicht von ungefähr war an der Durchführung des Klettersteigs auf den Bremmer Calmont der Alpenverein beteiligt: Von Bremm und Eller aus kann man hoch hinaus und die Blicke über das Moseltal und die Weinberge schweifen lassen.

ERLEBEN

02 Welch ein Schreck 29
... als in Winningen einst Wein verschwand. Die Sage schildert eindrücklich dieses Ereignis, an das beim Winninger Weinfest rund um die Weinhex jährlich erinnert wird.

03 Impressionen 66
Eingebunden in das Weinkulturelle Zentrum in Bernkastel-Kues vermittelt das Multimediale Moselwein-Museum eine Fülle an Wissen über Wein, seine Herstellung, die Lagen – multimedial eben und teils virtuell.

04 Des römischen Kaisers Wein 76
Schon Kaiser Konstantin wusste die Moselweine zu schätzen. Zeugnis von den römischen Interessen legen in Piesport erhaltene Kelteranlagen ab. Sie werden beim Römischen Kelterfest in Gang gesetzt, bei dem kaum eine Kehle trocken bleibt.

KULTUR

05 Unter den Augen des Kaisers 27
Am Deutschen Eck in Koblenz, wo die Mosel in Vater Rhein mündet, tummeln sich die Besucher der Stadt rund um das Reiterstandbild Kaiser Wilhelms I. Die Landzunge ist bedeutender Anziehungspunkt der Stadt.

06 Im Dialog 28
... stehen Deutschland und Frankreich im Ludwig Museum in Koblenz. Großartige Werke französischer Künstler kann man hier betrachten, vor allem aus der Zeit nach 1945; das Haus ermöglicht es zudem, internationale künstlerische Positionen kennenzulernen.

07 Turm- und Erkerfülle 42
Schon die ausgefeilte Burgen-Architektur, die Anordnung der Bauten und ihr äußeres Erscheinungsbild, beeindrucken auf der Prachtburg Eltz, was sich innen in festlichen, teils prachtvoll ausgemalten Sälen und auch der Schatzkammer mit ihren Schmuckstücken fortsetzt.

08 Burgen-Highlight 43
In der wunderbaren Fülle all der Burgen an der Mosel ist doch eine auch unbedingt besuchenswert: die Reichsburg, die über Cochem thront. Imposant vom Äußeren her, bietet sie im Inneren prächtig ausgestattete Räume – und sogar ein rustikales, opulentes Rittermahl wird auf Wunsch bereitet.

09 Geistiges Erbe 66
Der Theologe und Philosoph Nikolaus von Kues ist berühmter Sohn der Stadt Bernkastel-Kues. Hier befindet sich sein Geburtshaus, in dem seine Bedeutung und Wirkung anschaulich vermittelt werden.

10 „Schwarzes Tor" 89
Das heutige Wahrzeichen der Stadt Trier war einst Nordtor der römischen Stadtmauer. Die Porta Nigra verdankt ihren Namen dem dunklen Stein, in dem sie sich heute präsentiert.

11 Mehr als Baugeschichte 90
Der Trierer Dom blickt auf eine lange Geschichte zurück, die ihre Spuren im Bau hinterlassen hat. Aber auch kirchengeschichtlich ist er von großer Bedeutung. Seit dem 3. Jh. ist Trier Bischofssitz.

12 Malerische Stadt 101
Durch welche Stadt in Deutschland rauscht schon ein Wasserfall? Welche begrüßt ihre Besucher mit bunten Häuserzeilen? Allein dies ist einladend in Saarburg.

WEIN, WASSER, WEILER, WÄLLE

Das sind die Zutaten einer Moselreise: fruchtige Rieslingtropfen, der Fluss als treuer Begleiter. Und natürlich hübsche Dörfchen, wie hier Beilstein, in denen man oftmals Meisterwerke der Fachwerk-Baukunst besichtigen, gut essen und trinken kann. Hinzu kommen prächtige Burgen, einstmals stolze Rittersitze.

KLETTER-KRÄFTE AM KRAMPEN

Am Bremmer Calmont legt sich die Mosel mächtig in die Kurve. Für ein tolles Foto vom Moselkrampen muss man allerdings erst mal hinaufkommen auf den steilsten Weinberg Europas – und das geht nur über den Klettersteig. Auch sonst können sich Aktivurlauber in dem tollen Tal mächtig austoben.

EIN FELSEN FÜR DIE FESTUNG

Sie sind auf soliden, steinernen Grund gebaut, die Festungen an der Mosel – so auch die beeindruckende Klause in Kastel-Staadt. Kein Wunder, dass viele fremde Truppen einst keine Chance hatten, die Burg- oder Schlossherren zu vertreiben. Erst der Pfälzische Erbfolgekrieg sollte enorme Zerstörungen bringen.

MIT DAMPF VON DORF ZU DORF

Volldampf voraus – eine der reizvollen Möglichkeiten, das Moseltal zu entdecken, ist eine Tour auf dem Ausflugsschiff. Nahezu jedes Dorf besitzt einen Anlegeplatz – und so kann man bei einer Moselreise ein Stück des Wegs auf dem Wasser zurücklegen. Schon die Römer nutzten den Fluss als Transportweg für Truppen oder Material.

RUNDFAHRTEN
ROMANTICA

LIMO, LIMES, LOUNGEMUSIK

Ein gepflegtes Nachtleben – das kann man in den beiden Mosel-Großstädten Koblenz und Trier gleichermaßen erleben. Sei es bei einem Cocktail in einer Lounge-Bar mit sanfter Musik wie im Grand Café in Koblenz, sei es bei einem Rock- oder Popkonzert in einem Szenetreff wie der Tuchfabrik Trier – die Nachtschwärmer sind immer „gut drauf".

Koblenz – das Tor zur Mosel

Sie ist eine moderne Stadt mit langer Geschichte. Karl Baedeker zählte zu ihren Einwohnern, Clemens von Brentano und Sophie La Roche, die Dichterin. Sie liegt eingebettet in eine herrliche, waldige Hügellandschaft, wirkt fröhlich wie ihr Wahrzeichen, der Schängel, und auch ein bisschen aufgeräumt. Ihr Name – der deutet an, dass hier Rhein und Mosel ein feuchtes Rendezvous erleben: „confluentes“, aus dem Lateinischen übersetzt: am Zusammenfluss der Wasser. Koblenz, das prächtige Tor zur Mosel, ist mit reichen Kulturschätzen und einer idyllischen Altstadt gesegnet.

Am malerischen Deutschen Eck vereinen sich zwei mächtige Ströme – Mosel und Rhein.

01

02

03

04

05

„... über alles aber herrlich und majestätisch erschien das Schloß Ehrenbreitstein.“

Johann Wolfgang von Goethe

Alle zwei Minuten passiert es. Ein kurzes Gurgeln – dann schießt ein kräftiger Wasserstrahl aus dem Mund des Buben den vielen Besuchern entgegen, die ihre Kameras zücken. Und es scheint, als wolle der kleine, frech grinsende Strolch gleich darauf davonrennen. Doch daraus wird nichts. Schließlich ist der Koblenzer Schängel nur aus Stein. Er thront, dann und wann speiend, auf einer Säule über einem achteckigen Brunnen, den der Steinmetz Carl Burger 1940 dem Koblenzer Heimatdichter Josef Cornelius (1849 bis 1943) widmete. Burger dankte dem Poeten damit für das „Lied vom Kowelenzer Schängelche“, einem lebenslustigen Lausbuben, der, getauft mit Mosel- und Rheinwasser sowie Wein, eines nie verliert: seinen Humor.

Der Schängel

Er ist die Symbolfigur der Stadt Koblenz Kaum jemand weiß, dass dieser Name nur entstehen konnte, weil die Koblenzer während der Besatzungszeit nach der Französischen Revolution mit der französischen Aussprache nicht klarkamen. Der Name Schängel bedeutet nämlich der „kleine Schang“. So nannten die Koblenzer damals all jene, die den weit verbreiteten französischen Vornamen Jean (für Johannes) trugen. Anscheinend muss es viele freche Jeans gegeben haben, die mit ihren Streichen die ganze Stadt unterhielten. Denn der Schängel repräsentiert den lustigen, listigen Koblenzer Jungen, der gerne Schabernack treibt.

Hübsches Ambiente

Ein bisschen ist diese Stadt wie ihr „Schängel“. Auch an noch so grauen Regentagen trifft man viele Koblenzer, die ihre gute Laune im Gesicht tragen – weil selbst ein trister Himmel dem hübschen Ambiente keinen Abbruch tut. Wo sonst hat man schon Aussichtspunkte wie das Deutsche Eck? Von dort genießt ein jeder den wohl schönsten Blick auf die mit ihren 110 000 Einwohnern kleine Großstadt Koblenz und die Feste Ehrenbreitstein.

Deutsches Eck, Kaiser-Denkmal und Preußen-Festung ziehen geradezu Gästescharen aus aller Welt in die Stadt an Rhein und Mosel – und natürlich der herrliche Riesling aus den Spitzenlagen der Mosel, der im Ausland fast noch beliebter zu sein scheint als hierzulande. Das Surren der Videokameras und das Klicken der Fotoapparate übertönt in den Sommermonaten förmlich das babylonische Stimmengewirr, das sich hier ausbreitet. Das wird noch stärker werden, wenn 2011 die Bundesgartenschau in Koblenz ihre Pforten öffnen wird.

01 *Blick von der Balduinbrücke auf die Moselfront in Koblenz*
02 *Fassadenschmuck am Vier-Türme-Ensemble*
03 *Schotten-Tracht vor der Feste Ehrenbreitstein*

04 *Der Schängel, ein speiender Spitzbub*
05 *Ein Idyll: der Jesuitenplatz in Koblenz*

02

03

01

04

Zauber der Altstadt

Auf die romantischen, verwinkelten Gassen der Altstadt haben es die Touristen natürlich abgesehen: „C'est le restaurant Deutscher Kaiser", ertönt es vor dem Bau aus dem 16. Jahrhundert mit seinem schönen spätgotischen Gewölbe. Und natürlich muss man am „Muenz-Square", dem Münzplatz, „Metternichs birthplace" besuchen, jenes Haus, in dem der später so berühmte österreichische Außenminister und Staatskanzler Fürst Metternich 1773 geboren wurde. Im Durcheinander der winkeligen Gassen in der romantischen Altstadt kann man allerdings schnell die Orientierung verlieren!

Da hilft einem der handliche Reiseführer von Karl Baedeker. Als der damals 26-jährige Jung-Verleger aus Essen 1827 eine winzige Buchhandlung eröffnete, war ihm wohl kaum klar, dass er Maßstäbe für einen ganz neuen Literaturzweig setzen sollte. Doch er begann genau zur richtigen Zeit und konnte 1832 den Verlag von Friedrich Röhling aus Koblenz aufkaufen. Als ersten Städteführer gab Baedeker übrigens einen Band über Koblenz heraus.

Im Durcheinander der winkeligen Gassen der romantischen Altstadt kann man schnell die Orientierung verlieren.

Sie hat ja in der Tat auch ein bisschen literarisches Flair, diese Stadt, die, ungefähr zur selben Zeit, zwei große Söhne hervorbrachte, 1776 den streitbaren Herausgeber des Rheinischen Merkur, Johann Joseph Görres (gest. 1848), und zwei Jahre später – also 1778 – den Romantiker Clemens Brentano. Genauso machte Johann Wolfgang von Goethe der Stadt seine Aufwartung. Natürlich hat sein Aufenthalt auch literarischen Niederschlag gefunden – im Gedicht „Diné zu Coblenz", das im Juli 1774 entstand, als der große Dichter

01 *Die Feste Ehrenbreitstein wacht über Koblenz*
02 *Das alte Regierungspalais in Koblenz*
03 *Pracht mit Patina: Reiterstandbild Wilhelms I.*
04 *Relaxen am Deutschen Eck in Koblenz*

01

02

03

04

05

in Begleitung des Pädagogen Johannes Bernhard Basedow und des Freundes und Theologen Johann Kaspar Lavater in Koblenz urlaubte. Es beschreibt ein denkwürdiges Essen, bei dem es zu hitzigen philosophischen Debatten zwischen Basedow und Lavater kam – was dem sehr hungrigen Goethe ziemlich lästig war, wollte er sich doch nur am Mahl laben.

Winningen – das schönste Dorf

Der Anblick von Winningen hätte die drei Denker sicherlich besänftigt. Oh ja, diese Gemeinde muss nicht mit Superlativen geizen: Im Wettbewerb „Unser Dorf soll schöner werden" errang Winningen auf Bundesebene 1985 und 2001 eine Goldplakette und 1995 eine Silberplakette. Keine Frage, Winningen, der Geburtsort von August Horch (1868–1951), dem Gründer der Audi-Werke, zählt zu den schönsten Dörfern in Deutschland: romantische Gassen, und an den malerischen Fachwerkhäusern prangen Blumen- und Rebenschmuck.

Übrigens hat sich in dem hübschen Ort seit über 160 Jahren ein ganz besonderer Sport etabliert. Das „Ostereier-Kibben" ist, wie es klingt: kurios. Ort des Geschehens ist natürlich die Osterstraße. Dort treffen sich am Ostersonntag die Kontrahenten, bewaffnet mit gekochten Eiern, stellen sich mit den Gesichtern zueinander auf und versuchen ... – nein, nicht, sich zu bewerfen. Es geht darum, die Eier zuerst mit den Spitzen gegeneinander zu schlagen (zu „kibben") und dann mit dem stumpfen Ende, dem „Ärschche". Feingefühl ist dabei gefragt, denn es gewinnt derjenige, der es schafft, das Ei des Gegners an beiden Enden einzudellen.

Wem das dann doch zu skurril ist: Keine Sorge – in der Moselgemeinde werden viele Feste rund um den Wein gefeiert. Etwa die „Winninger Weinhex", ein Fest, das jährlich zwischen Ende August und Anfang September über die Bühne geht und als eines der größten und berühmtesten Moselfeste gilt. Es hat einen durchaus ernsten Hintergrund. Denn in der Zeit von 1631 bis 1656 wüteten in Winningen die Richter bei den Hexenprozessen besonders grausam: Der Hexenwahn forderte 21 Opfer. Dass die Erinnerung der Winninger an die „Hexenzeit" immer noch lebendig ist, beweist nicht nur der Gedenkstein auf dem Hexenhügel, sondern auch die Umbenennung der Flurbezeichnung „Heideberg" in „Winninger Weinhex".

Die Winninger Weinhex

Viel harmloser als die historischen Tatsachen ist die Sage um die Winninger Weinhex, an die im Weinhof von Winningen der Weinhexbrunnen erinnert: Am Wolfstor wohnte einst Veit Mertes, genannt Pfeifenhannes, mit seinem Weib Kathrin. Er war eigentlich ein recht ordentlicher Mensch – wenn er denn nicht im Garten saß und Flöte spielte, denn das war seine große Leidenschaft. Eines Tages bemerkte Pfeifenhannes, dass auch in seinen Fässern – wie schon bei den Nachbarn – Wein fehlte. Und das, obwohl die Siegel nicht gebrochen und die Fässer rein äußerlich in Ordnung waren! So beschloss er, dem trickreichen Dieb im Keller aufzulauern. Er mochte etwa eine halbe Stunde gewartet haben, da schlich jemand die Kellertreppe hinunter. Im Schein der Öllampe erkannte er – Kathrin, sein Weib. Ganz geschickt machte sie sich dort zu schaffen, wo Pfeifenhannes nicht kontrolliert hatte: am Fassboden. Natürlich nicht, ohne das Löchlein wieder mit einem Holzpflock und Talg sorgfältig zu schließen. Die Strafe folgte auf dem Fuß: Veit Mertes verdrosch sein Weib kräftig mit der Flöte – und ganz Winningen atmete auf, weil die „Weinhex" endlich gefunden war, die den Rebensaft aus den Fässern zu zaubern schien.

01 *Musik beim Weinfest, das muss sein*
02 *Alles dreht sich um die Winninger Weinhex*
03 *Winningens Jugend feiert feste*
04 *Der Rebensaft fließt beim Winninger Weinfest*

05 *Trachtentanz zu Ehren der Weinhex beim Winninger Weinfest*

LÜTZEL
Rhein
Mosel
Koblenz
300 m
GOLDGRUBE
NEUD
BREIT
Güterbahnhof
Bahnhof Lützel
Staustufe
Museum
Feuerwehr
Hafen
Tennispl.
Wasserwirtschaftsamt
Camping-platz
Wasser- und Schifffahrtsverw.
Deutsches Eck
Deutschherrenhaus
Ludwig-Museum
Landesanstalt f. Denkmalpflege
Festung Ehrenbreitstein
Jugendherberge
Sesselbahn
Rhein-museum
Kloster
Kapelle
Alte Burg
Florinskirche
Mittelrhein-museum
Dreikönigshaus
Kastorhof
Liebfrauenkirche
Rathaus
Josef-Görres-Pl.
BWB
Justizgebäude
Oberlandesgericht
Bezirksregierung
Görresdenkmal
Schloss
Stadtbad
Jüd. Friedhof
St. Elisabeth
Handwerkskammer
Busbahnhof
Ernst-Rodenwald-Institut
Herz-Jesu-Kirche
Stadttheater
IHK
Kreisverwaltung
Christuskirche
Bezirksregierung
Rhein-Mosel-Halle
Stadtverwaltung
Wasser- u. Schifffahrtsamt
Feuerwehr- u. Katastrophenschutzschule
Europabrücke
Balduinbrücke
Pfaffendorfer Brücke
Friedrich-Ebert-Ring
Moselring
Schlachthofstr.
Moselweißer Str.
Hofstraße
Charlottenstr.
Emser Str.
Am Pfaffendorfer Tor
Konrad-Adenauer-Ufer
Clemensstr.
Stresemannstr.
Schlossstr.
Löhrstraße
Bahnhofstr.
Roonstr.
Viktoriastr.
Casinostr.
Neustadt
Firmungstr.
Rheinstr.
Pfuhlg.
Am Wöllershof
Saarplatz
Neuer Messepl.
Hoevelstr.
Bardelebenstr.
Bogenstraße
Gutenbergstr.
Yorckstr.
Mayener Str.
Mariahilfstr.
Weinbergstr.
Th.-Heuss-Ufer
Neuendorfer Str.
Ufer
Peter-Altmeier-Ufer
Im Rauental
Stademannstr.
Hohenfelder Str.
Karl-Russell-Str.
Langemarckpl.
Otto-Falckenberg-Straße
Brenderweg
St. Antonius
Schartwiesenweg
Obertal
Klausenbergweg
Im Teichert
Am Hafen
9
42
49
01
02
03
04
05
06
07
08
09
10
11
12
13

ANDERNACH
NEUWIED
BENDORF
HÖHR-GRENZHAUSEN
VALLENDAR
WEISSENTHURM
MÜLHEIM-KÄRLICH
KOBLENZ
MENDIG
MAYEN
POLCH
LAHNSTEIN
BRAUBACH
RHENS
MÜNSTERMAIFELD
KAISERSESCH
BAD EMS
BOPPARD
Plaidt
Kruft
Nickenich
Saffig
Ochtendung
Bassenheim
Kettig
Urmitz
Weitersburg
Urbar
Eitelborn
Hillscheid
Neuhäusel
Simmern
Kottenheim
Ettringen
Weibern
Rieden
Bell
Volkesfeld
Kehrig
Düngenheim
Kaifenheim
Gamlen
Eulgem
Mertloch
Naunheim
Pillig
Gappenach
Kalt
Kobern-Gondorf
Winningen
Dieblich
Waldesch
Niederfell
Alken
Brey
Spay
Osterspai
Filsen
Kamp
Fachbach
Nievern
Dachsenhausen
Lonnig
Welling
Trimbs
Thür
Wehr
Laacher See
Vulkanpark
15
14
52
40
Maßstab 1:200.000
0
3 km

Von Kaiser Wilhelm zur Weinhex

Die vielen Besucher beleben das Stadtbild von Koblenz, wie sie über die Plätze streifen, an gepflegten Bürgerhäusern, Höfen und wuchtigen Kirchen vorbeiflanieren. Eindrucksvoll ist der Blick vom Deutschen Eck, an dem Rhein und Mosel zusammenfließen. Und ein Besuch beim „Cowelenzer Schängel" ist ein Muss. Verlässt man das Zentrum, kann man von Burg Stolzenfels einen herrlichen Blick genießen – oder, je nach Jahreszeit, bei einem der vielen Winninger Feste mitfeiern.

01 – 14 KOBLENZ

Die Stadt Koblenz wartet nicht zuletzt aufgrund ihrer Lage an Rhein und Mosel mit einem besonderen Charme auf. Die schöne Altstadt zieht die Besucher an.

Der Name Koblenz geht auf die lateinische Bezeichnung „Apud confluentes" zurück, was ins Deutsche übersetzt „am Zusammenfluss der Wasser" heißt. Als römische Gründung kann Koblenz auf eine über 2000-jährige Geschichte verweisen. Kaiser Tiberius (14–37 n. Chr.) ließ eine Heerstraße zwischen Köln und Mainz und am Moselübergang ein Kastell erbauen. Die erste Brücke über die Mosel ließ Kaiser Konstantin im Jahre 330 errichten. Im 5. Jh. lösten die Franken die Römer in ihrer Herrschaft an der Mosel ab. Von 1794 bis 1814 war Koblenz Hauptstadt des französischen Rhein-Mosel-Departements, ab 1815 Kapitale der preußischen Rheinprovinz. Hauptstadt durfte sich Koblenz auch von 1947 bis 1950 nennen – als Sitz der Landesregierung von Rheinland-Pfalz.

Tipp

Lange Nächte

Auf sage und schreibe drei Etagen vergnügt sich die Koblenzer Szene vor allem freitags und samstags – im Grand Café, einer Mischung aus Wiener Kaffeehaus und Disko. Bei Veranstaltungen wie Classic Club Night, Back to the good years und Afterwork-Partys ist Do. bis 4.00, Fr. und Sa. bis 5.00 Uhr Abschalten angesagt.
Firmungsstraße 2, Tel. 0261/100 58 33, www.grand-cafe.biz

SEHENSWERT

Die kompakte **Altstadt** kann man sich im Rahmen eines Rundgangs erschließen. Man beginnt am **Jesuitenplatz** 01, der zu den schönsten Plätzen in Koblenz gehört. Sein heutiges Aussehen erhielt er erst um das Jahr 1770, obwohl dort schon 1242 ein Zisterzienserkloster gegründet worden war. Verlässt man den Platz durch die barocke Durchfahrt des ehemaligen Schulgebäudes an der Südseite, so gelangt man auf den **Rathausplatz** 02 mit dem Gebäudekomplex des ehemaligen Jesuitenkollegs, der seit 1895 als Rathaus genutzt wird. Auf dem Rathausplatz steht die bekannteste Figur und das Wahrzeichen der Stadt, der Koblenzer Schängel. Nicht weit ist es nun zum **Münzplatz** 03 und zum Haus Metternich. Der Hof wurde im 13. Jh. von dem Geschlecht der von Bachem bewohnt. Im 15. Jh. war er im Besitz der Eltzer und ab 1644 als Lehen im Besitz der Grafen von Metternich-Winneburg-Beilstein. Im Jahr 1674 erfolgte der Umbau des Gebäudes unter Einbeziehung älterer Bauteile. 1773 wurde in seinen Mauern der berühmteste Sohn der Stadt Koblenz, der österreichische Kanzler Clemens Wenzeslaus von Metternich geboren, der sich auf dem Wiener Kongress 1815 für die Wiederherstellung der politischen und sozialen Ordnung in Europa einsetzte. Mittlerweile dient das Haus als Jugendbegegnungsstätte und Ausstellungsplatz für Kunstgegenstände.

An der Burgstraße liegt die **Florinskirche** 04, eine dreischiffige romanische Pfeilerbasilika, die im 12. Jh. entstand. Unter dem Chor befinden sich die Reste eines römischen Turmes. Am Florinsmarkt ist das sehenswerte **Mittelrhein-Museum** (siehe Museen) im gotischen Kauf- und Danzhaus untergebracht, das mit dem angebauten Schöffenhaus eines der schönsten Bauensembles der Koblenzer Altstadt bildet. Das Ausstellungsgebäude zeigt deutsche und niederländische Gemälde vom 12. bis 20. Jh., mittelalterliche Skulpturen, archäologische Funde und Münzprägungen.

Tipp

Auf Schusters Rappen

In Koblenz startet der Moselhöhenweg, der bis Trier führt und der durch ein „M" markiert ist. Die Route zieht sich auf beiden Seiten der Mosel sowohl durch den Hunsrück als auch durch die Eifel entlang. Als Tagesetappe vom Moselhöhenweg auf der Hunsrückseite empfiehlt sich folgende Strecke von Koblenz aus: Koblenz – Alken (ca. 28 km). Startpunkt dieser Etappe ist der Hauptbahnhof. Von dort führt der Moselhöhenweg zunächst über die Rheinanlagen, dann nach Koblenz-Oberwerth, zum Forsthaus und dem Aussichtspunkt Kühkopf (382 m.ü.M.), schließlich über das Wildgehege Remstecken, ein Naherholungsgebiet, bis Alken.

Gleich um die Ecke liegt der **Deutsche Kaiser** 05. Charakteristisch an diesem wohnturmartigen Haus, erbaut von dem Koblenzer Schöffen und erzbischöflichen Münzmeister Konrad von Lengenfeld (gest. 1520), sind der unter dem Traufsims umlaufende Maßwerkfries und der ausgeprägte, krönende Zinnenkranz. Er hat als einziges Gebäude in diesem Altstadtbereich die Kriegszerstörungen überdauert. Höhepunkt des Rundgangs ist natürlich das **Deutsche Eck** 06 **TOPZIEL.** Durch die Ansiedlung des Deutschen Ordens am Zusammenfluss von Rhein und Mosel 1216 erhielt dieser wichtigste Platz der Stadt seinen Namen. 1945 wurde das in Kupfer getriebene **Reiterstandbild Kaiser Wilhelms I.** auf dem 1897 errichteten Denkmal zerstört. Zwischen 1953 und 1990 diente der Sockel als „Mahnmal der Deutschen Einheit". Am 25. September 1993 wurde eine Nachbildung des kaiserlichen Reiterstandbildes, durch eine Spende des Ehepaares Theisen ermöglicht, offiziell enthüllt. Sehenswert ist auch das **Ludwig Museum im Deutschherrenhaus** (siehe Museen), ein Gebäude des ehemaligen Deutschen Ordens. Südlich davon schließt sich die **Basilika St. Castor** 07 an. Die Ursprünge gehen auf 836 zurück, sechs Jahre später fanden hier die Gespräche statt, die zur Teilung des fränkischen Reiches im Vertrag von Verdun (843) führten. Das heutige Gotteshaus entstand gegen Ende des 12. Jh.s, im Innern verdienen die gotischen Wandmalereien hinter dem Grab Kunos von Falkenstein besondere Beachtung. Der Brunnen auf dem Kirchvorplatz wurde 1812 zu Ehren von Napoleons Russlandfeldzug erbaut. Als die Russen dann zwei Jahre später in Koblenz einmarschierten, ließen sie unter die französische Inschrift den ironischen Kommentar „gesehen und gebilligt" meißeln.

Tipp

Gerüttelt, nicht gerührt

Wie wichtig das traditionelle Rüttelverfahren für die Flaschengärung, wie mutig 1843 der Schritt vom Weinhandel zur Gründung einer Schaumwein-Manufaktur war, und was Beethoven und Deinhard miteinander zu tun haben – das erfährt man bei einer Führung im Kellermuseum des Stammhauses Deinhard in Koblenz. Die Herstellung von Wein und Sekt wird fachkundig erläutert, Verkostungen ergänzen den Rundgang. Die Deinhard-Stiftung veranstaltet jährlich im Frühjahr und Herbst Beethovenkonzerte im Koblenzer Görressaal.
Stammhaus Deinhard, Deinhardplatz, Tel. 0261/91 15 15 20, www.deinhard.de

Flanieren Sie unbedingt durch die **Rheinanlagen** 08. Über eine Strecke von 18 km zieht sich dieses kleine Paradies hin, das im Auftrag von Kaiserin Augusta ab 1856 von den beiden bedeutenden Landschaftsarchitekten Peter-Joseph Lenné und Hermann Fürst von Pückler-Muskau geplant und realisiert wurde. Hier befindet sich auch das Denkmal für den republikanischen Publizisten Joseph von Görres (1776–1848), wie er begeistert die französischen Revolutionstruppen begrüßt.

Gegenüber vom Deutschen Eck, auf der rechten Rheinseite, erhebt sich die mächtige Festung **Ehrenbreitstein** 09 118 m über dem Strom. Um 1000 entstand auf der strategisch günstigen Stelle eine erste kleine Burg, die in den folgenden Jahrhunderten stetig ausgebaut wurde. Die Franzosen zerstörten die Anlage, doch schon kurze Zeit später ließen die Preußen zwischen 1817 und 1832 das Fort wieder aufbauen. Ehrenbreitstein ist eine der stärksten Befestigungsanlagen Europas und vollständig erhalten. Wer den Fußweg scheut, der kann sich mit dem Sessellift zur Festung hochbringen lassen. Die Wehranlage ist ganzjährig geöffnet, Erlebnisführungen werden in der Saison am Wochenende angeboten (www.festungehrenbreitstein.de, www.burgen-rlp.de).

MUSEEN

Mittelrhein-Museum 10: Es befindet sich im gotischen Kauf- und Danzhaus (1419–1430 errichtet) und zeigt Gemälde und Skulpturen (12. bis 20. Jh.). Schwerpunkte bilden die Malerei des 19. Jh.s und die Rheinische Landschaft. Dazu kommen die niederländische Kunst des 17. Jh.s, Werke des kurtrierischen Hofmalers Januarius Zick (1730–1797), mittelalterliche Skulpturen, Prägungen der kurtrierischen Münze Koblenz und archäologische Funde von der Steinzeit bis zur fränkischen Zeit und der Römerzeit (Florinsmarkt 15, Tel. 0261/1 29 25 20, www.mittelrhein-museum.de, Di.–Sa. 10.30–17.00 Uhr, So. 11.00 bis 18.00 Uhr).

Ludwig Museum im Deutschherrenhaus 11 **TOPZIEL**: Das Ludwig Museum zählt zu den Museen, die das Sammlerehepaar Peter und Irene Ludwig weltweit initiiert und durch großzügige Schenkungen, Dauerleihgaben und Projektmittel gefördert haben. Die Ausrichtung auf französische Kunst des 20. Jh.s, vornehmlich die Entwicklungen nach 1945 bis hin zu aktuellen Positionen, ist in Deutschland einmalig. Sammlung Ludwig und wechselnde Ausstellungen beleben sich durch einen befruchtenden Dialog. Auch Kunst aus Südeuropa zum Beispiel, den Vereinigten Staaten, China und anderen außereuropäischen Staaten wird vorgestellt (Danziger Freiheit 1 [neben dem Deutschen Eck], Tel. 0261/30 40 40, www.ludwigmuseum.org, Di.–Sa. 10.30–17.00, So. und Feiertag 11.00–18.00 Uhr).

Haus Metternich kann auf eine reiche Geschichte zurückblicken, mit Anfängen im 13. Jh. Hier wurde 1773 Clemens Wenzeslaus Lothar Fürst Metternich geboren. Heute befindet sich eine Jugendbegegnungsstätte in diesem Haus, und die Arbeitsgemeinschaft Bildender Künstler am Mittelrhein nutzt es für die alljährliche Kunstausstellung (Münzplatz, Tel. 0261/1 29 25 32, Di. bis So. ab 11.00 Uhr, bei Ausstellungen).

Mutter-Beethoven-Haus 12: Als „Beethoven-Gedenkstätte im Mutter-Beethoven-Haus" wurde 1975 dieses Haus, Geburtshaus der Maria Magdalena geb. Keverich (1746–1787), der Mutter Ludwig van Beethovens, eröffnet. Einige Exponate erinnern an die Dichterin Sophie La Roche (1731–1807), die 1771 bis 1780 in Ehrenbreitstein wohnte, und ihren hier geborenen Enkel Clemens Brentano (1778–1842) (Wambachstraße 204, Tel. 0261/9 73 06 69, 15. April–15. Okt. Di. bis Sa. 12.00–17.00, So. 12.00–16.00 Uhr).

Landesmuseum in der Festung Ehrenbreitstein 09: Das Landesmuseum, in der hohen Ostfront der Festung gelegen, beherbergt Sammlungen technischer Denkmäler. Darüber hinaus dokumentieren zahlreiche Ausstellungsobjekte die Techniken des traditionsreichen Weinbaus und der im Mittelrheingebiet früher so bedeutenden Steinindustrie. Sehenswert sind auch die Abteilungen „Berühmte Konstrukteure aus Rheinland-Pfalz" und die „Landessammlung zur Geschichte der Fotografie in Rheinland-Pfalz" (Hohe Ostfront, Koblenz-Ehrenbreitstein, www.landesmuseumkoblenz.de, Mitte März–Ende Nov. 9.30–17.00 Uhr).

Rhein-Museum 13 Der Besucher erlebt und erfährt etwas über die frühe Besiedelung am Rhein, die vielseitigen Rheinlandschaften, den Rhein als Wasserstraße, die Entwicklung der Schiffe vom Einbaum bis zum modernen Motorschiff, die Rheinbiologie und Rheinökologie, Rheinromantik und Rheintourismus. Ein Verladekran und diverse Anker können im Freigelände besichtigt werden (Charlottenstraße 53a, Tel. 0261/70 34 50, www.rhein-museum.de, Di.–So. 10.00–17.00 Uhr).

THEATER

Stadttheater – „Großes Haus" und „probebühne 2" (Studiotheater, experimentelles Theater), Clemensplatz sowie Kammerspiele Florinsmarkt, Tel. 0261/1 29 28 40 und 1 29 28 41, Mo. bis Fr. 10.00–12.00 und 14.00–17.00 Uhr; **Kulturfabrik** (Kleinkunst, Kabarett, Chanson, Musik und Tanz), Mayer-Alberti-Straße 11, Tel. 0261/8 52 80. **Klassik-Konzerte** finden im Görreshaus – Rheinische Philharmonie statt, Eltzerhofstraße 6a, Tel. 0261/3 01 22 72. Öffnungszeiten der **Vorverkaufsstelle** in der Clemensstraße 5: Mo.–Fr. 10.00–18.00 Uhr. Außerhalb der Kassenöffnungszeiten können Theaterkarten auch bei der Tourist-Information im Rathaus gegen Vorverkaufsgebühr erworben werden. **Abendkasse:** Im Großen Haus am Deinhardplatz und in den Kammerspielen am Florinsmarkt. Sie öffnet jeweils eine Stunde vor Vorstellungsbeginn. Großes Haus Tel. 0261/1 29 28 43 (am Wochenende) 17.30–18.30 Uhr. Kammerspiele Tel. 0261/1 29 25 20 (1 Std. vor Vorstellungsbeginn).

VERANSTALTUNGEN

Altstadtfest rund um die Liebfrauenkirche mit Live-Musik am ersten Juliwochenende, **Koblenzer Festungsspiele** auf der Festung Ehrenbreitstein im Juli, **Gaukler- und Kleinkunstfestival** rund um den Jesuitenplatz am ersten Augustwochenende, **„Rhein in Flammen"** am zweiten Sa. im August, **Koblenzer Schängelmarkt** Ende Sept./Anfang Okt. rund um die Herz-Jesu-Kirche.

UMGEBUNG

Schloss Stolzenfels 14: Das Schloss liegt ca. 5 km südlich des Stadtzentrums am Rhein über dem gleichnamigen Ortsteil Stolzenfels (ab Parkplatz oder Bus-Haltestelle ca. 15 Min. Fußweg hinauf zum Schloss) Ehemals eine kurtrierische Zollburg, um 1250 unter Erzbischof Arnold von Isenburg erbaut, wurde Stolzenfels 1688 im Pfälzischen Erbfolgekrieg zerstört. Nachdem die Stadt Koblenz die Ruine im Jahr 1823 dem preußischen Kronprinzen, dem späteren König Friedrich Wilhelm IV., geschenkt hatte, wurde sie zwischen 1836 und 1842 nach Entwürfen des Berliner Baumeisters Karl Friedrich Schinkel wieder aufgebaut. Das mit kostbaren Möbeln ausgestattete Schloss ist mit seiner teils im Original erhaltenen Einrichtung ein Beispiel für die Wohnkultur und Geisteshaltung des 19. Jh.s. Vor allem auch die Sammlung von Rüstungen und Waffen ist bemerkenswert (Tel. 0261/516 56, April–Sept. 9.00 bis 18.00, Okt., Nov., Jan.–März bis 17.00 Uhr, letzter Einlass je 1 Stunde vor Schließung, am ersten Werktag der Woche geschl.).

INFORMATION *Tourist-Information Rathaus, Jesuitenplatz 2, 56068 Koblenz, Tel. 0261/13 09 20 (Auskunft und Zimmernachweis), Tel. 0261/1 29 16 10 (Kartenvorverkauf), www.koblenz.de*
Geöffnet: April und Okt. Mo.–Fr. 9.00–18.00, Sa., So. und Feiertag 10.00–18.00 Uhr; Nov.–März Sa. 10.00–16.00 Uhr; Mai–Sept. Mo.–Fr. 9.00–19.00, Sa., So. und Feiertag 10.00–19.00 Uhr.
Tourist-Information Hauptbahnhof, Bahnhofplatz 17, 56068 Koblenz, Tel. 0261/313 04 (Auskunft und Zimmernachweis), Tel. 0261/3 03 88 49 (Kartenvorverkauf), www.koblenz.de.
Geöffnet: April und Okt. tgl. Mo.–Fr. 9.00–18.00 Uhr; Mai–Sept. tgl. 9.00–19.00 Uhr; Nov.–März Mo.–Fr. 9.00–18.00, Sa. 9.00–14.00 Uhr.

15 WINNINGEN

Wo die Moselberge noch einmal steil aufragen, um dann in Stufen zum Rhein hin abzufallen, liegt in einer sanften Flussbiegung der Weinort Winningen.

GESCHICHTE Funde lassen darauf schließen, dass die fruchtbare Gegend wohl schon seit der Jungsteinzeit besiedelt war. Seit 1248 war der Ort im Besitz der Grafen von Sponheim. Um Winningen liegt das größte Weinanbaugebiet an der Mosel mit mehr als drei Mio. Rebstöcken.

SEHENSWERT Die wunderschönen alten **Fachwerkbauten** bestechen durch ihren prächtigen Blumenschmuck, wobei auffällt, dass das Fachwerk hier nicht, wie sonst an der Mosel, karminrot, sondern rheinisch schwarz gestrichen ist. Besonders reizvoll sind Marktplatz und Weinhof.

MUSEUM Das **Wein- und Heimatmuseum,** ein Lassaulx-Bau von 1833/34, zeigt neben Geräten für die Arbeit in den steilen Weinbergterrassen der Mosel auch früher gebräuchliche Traubenmühlen, Weinfilter, die typischen Mosel-Fuderfässer (Inhalt ca. 1000 Liter), eine Wohnung aus dem 19. Jh., Zeugnisse aus der Vor-, Früh- und Zeitgeschichte sowie Erinnerungen aus dem Leben und Werk des Winninger Ehrenbürgers Dr. h. c. August Horch (1868–1951), des Gründers der Horch- und Audi-Werke (Schulstraße 5, Mi. und Sa. 15.00–16.30 Uhr).

VERANSTALTUNGEN **Ostereier-Kibben** am Weinhexbrunnen (Ostersonntag), der **Wein- und Schlemmertreff** (Juni), **Moselfest** um die Winninger Weinhex mit Brillantfeuerwerk **TOPZIEL** (Ende Aug./Anfang Sept.) sowie das **Federweißerfest** (November).

INFORMATION *Verkehrsamt Winningen, August-Horch-Straße 3, 56333 Winningen, Tel. 02606/22 14, www.winningen.de*

Nachmittags in einem Café am Münzplatz in Koblenz

Nicht versäumen!

KULTUR

Flussnah
Gleich an zwei Flüssen – der Mosel und Vater Rhein – gelegen, strahlt Koblenz einen besonderen Charme aus. Viel Entdeckenswertes hat die Stadt zu bieten, auch über Schängel und Deutsches Eck hinaus.

Siehe Nr. 01–08

KULTUR

Unter den Augen des Kaisers
Der Ausblick vom Deutschen Eck auf Rhein und Mosel, und mehr noch: auch auf die gegenüberliegende Festung Ehrenbreitstein, ist der beste, den Koblenz zu bieten hat. Das Reiterstandbild Kaiser Wilhelms I. wacht nun wieder über die Besucherscharen.

TOPZIEL Siehe Nr. 06

ERLEBEN

Toller Blick
Nicht nur Technikinteressierte sind begeistert von der Festung Ehrenbreitstein und den dortigen Ausstellungen. Einen besonderen Zugang versprechen die Erlebnisführungen und die Open-Air-Veranstaltungen in den Festungsmauern.

Siehe Nr. 09

KULTUR

Im Dialog
Namen wie Masson, Arman, Venet locken das Kunstpublikum in das Ludwig Museum, das in attraktiven Sonderveranstaltungen auch über den Bilderrahmen hinausblickt.

TOPZIEL Siehe Nr. 11

ERLEBEN

Welch ein Schreck
Einst fehlte in den Fässern im Weinhof von Winningen unerklärlicherweise Wein. Zauberei? Die Entdeckung der Diebin (oder die Diebin selbst?) wird heute noch heftig beim Moselfest gefeiert.

TOPZIEL Siehe Nr. 15

Sagen-hafte Moselburgen

Eine Fahrt entlang der Untermosel zwischen Koblenz und Cochem ist viel aufregender, als man denkt. Kaum ein anderer deutscher Landstrich besitzt so viele prächtige Burgen – und die ehrwürdigen Rittersitze haben es in sich. Anekdoten über Eroberer oder mutige Frauen ranken sich um die oft wuchtigen Mauern, und manchmal wird die gute, alte Ritterzeit sogar wieder lebendig. Auch sagenhaften Reichtum gibt es, etwa in den Schatzkammern der Burg Eltz, zu bewundern. Das alles in einer Landschaft, die dank ihres besonders milden Klimas fast schon ein bisschen ans Mittelmeer erinnert.

Sie thront, als Königin der Moselburgen, majestätisch über Cochem: die malerische Reichsburg.

01

02

03

Kaum eine andere europäische Region ist so reich an Rittersitzen wie das Moselland.

Balduin ahnte nichts. Er genoss den funkelnden Sternenhimmel in dieser klaren Juninacht im Jahre 1328 und lauschte dem Plätschern der Mosel, auf der sein stolzes Boot flussabwärts trieb. Zwar fuhr Balduin hier, an der Moselschleife nahe Traben-Trarbach, auf dem Herrschaftsgebiet der Sponheimer – doch wähnte er sich in absoluter Sicherheit. Was hätte er, der Trierer Erzbischof Balduin von Luxemburg, schon von der verfeindeten Herrscherin, der Gräfin Loretta von Sponheim – einer schwachen Frau! – zu fürchten? Hatte er nicht sage und schreibe 103 Burgherren unterworfen? War er nicht der Bruder Kaiser Heinrichs VII., der begabteste Machtmensch seiner Zeit?

Ein dumpfes Knirschen riss den Erzbischof aus seinen Träumen. Eine quer über den Fluss gespannte Eisenkette hatte seinen Kahn gestoppt – und ehe sich Balduin versah, saß er in einer mit kostbaren Möbeln eingerichteten Zelle der Starkenburg fest. Wer hinter dieser Blitz-Entführungsaktion steckte? Loretta Gräfin von Sponheim.

Welch eine verruchte Tat! Die Protestrufe hallten bis zu Papst Johannes XXII. in Avignon, der den sofortigen Kirchenbann gegen die Gräfin aussprach. Doch Loretta sollte die besseren Karten haben. Denn ihre Starkenburg machte dem Namen alle Ehre. Sie galt in damaliger Zeit nämlich als uneinnehmbar – und so saß Balduin mehr als sechs Wochen in Haft, musste einen Sühnevertrag unterschreiben und ein hohes Lösegeld bezahlen. Seine Pläne, sich die Grafschaft Lorettas einzuverleiben – der eigentliche Grund für die Entführungsaktion – waren Makulatur.

Rittersitze – reich an Sagen

Keine andere europäische Region, mal abgesehen vom Rheintal, ist so reich an Rittersitzen wie das Moselland, was vor allem damit zusammenhängt, dass man von den Hügeln einen formidablen Blick genießen und zugleich den Fluss, den damals wichtigsten Verbindungsweg, kontrollieren und Zölle nehmen konnte. Natürlich haben die Burgen unter den Zerstörungen der marodierenden Kriegstruppen Ludwigs XIV. gegen Ende des 17. Jahrhunderts arg gelitten. Viele wurden nie mehr aufgebaut, weil schlicht und ergreifend das Geld fehlte und die Burgherren vertrieben worden waren. Doch Gott sei Dank blieben manche Rittersitze verschont.

Und so ist eine Fahrt durchs „Burgen-Land“ ganz sicher eines: eine spannende Reise zurück in die Vergangenheit. Da steht man dann, in einem Innenhof der prächtigen Burg Pyrmont, und hört förmlich die Schwerter klirren. Oder glaubt, an einem der vielen Türmchen eine holde

01 *Historie als Abenteuer ...*
02 *... auf der trutzigen Ehrenburg.*
03 *Kaminstube in der Burg Pyrmont*
04 *Die Burgruine Bischofstein*

01

02

Maid zu sehen. Und wähnt, den passenden Ort für ein Märchenspektakel in der Reichsburg Cochem gefunden zu haben, die mit ihrem barocken Mobiliar, den ausladenden Tapisserien und Ölgemälden aus dem 18. und 19. Jahrhundert das Auge für viele Stunden gefangen hält. Was darf es sonst noch sein? Romanzen und Ränkespiele, Machtallüren und Minnesang, Ketzerei und Kirchenhörigkeit, Schönheiten und Schätze? Oder möglicherweise von allem ein bisschen?

Tiefgekühlte Burgherren

Das Leben auf einer Burg war durchaus nicht angenehm. Entgegen ihrem heutigen Aussehen waren die meisten Burgen zwischen dem 11. und 14. Jahrhundert außen verputzt – doch zwischen den Steinen klafften oft größere Ritzen. Die Fenster, die natürlich kein Glas trugen, wurden lediglich mit Holzläden verschlossen. Im Winter zog es an und in allen Ecken und Enden, die Burgherren froren, trotz lodernder Feuer in manchen Kaminen, meistens wie arme Hunde – der einzig konstant warme Platz war das Bett im Schlafgemach. So kalt konnte es sein, dass das Waschwasser für die Morgentoilette erst auf dem Feuer aufgetaut werden musste und das Essen in der Küche nachts gefror. Nur an heißen Sommertagen hatte man gute Karten – das durch den Regen oft durchfeuchtete Mauerwerk kühlte vortrefflich.

Das Mittelmeer lässt grüßen

Eine Entdeckertour sollte vor allem den Abschnitt zwischen Koblenz und Cochem umfassen, dort, wo sich die Weinterrassen besonders üppig ausbreiten und mit Trockensteinmauern begrenzt sind, weswegen man diese Strecke auch die „Terrassenmosel" nennt. Fast so warm wie am Mittelmeer ist es hier; schon im Februar, wenn anderswo noch Frost und Schnee regieren, flattern die ersten schneeweißen, mit roten Tupfen verzierten Apollofalter durch die linden Lüfte. Vereinzelt sieht man im-

01 *Stiftskirche St. Castor in Treis-Karden*
02 *Kapelle der Burg Thurant*
03 *Der Tatzelwurmbrunnen in Kobern-Gondorf*
04 *Hatzenport mal im Schnee*

02

03

04

SPECIAL Burg Thurant

Durstige Eroberer

Eine Ritterburg weckt heutzutage doch auch recht romantische Vorstellungen von Wehrhaftigkeit. Da vergisst man leicht, mit welch grausamen Mitteln Burgen im Mittelalter umkämpft oder verteidigt wurden.

Am Ende steht der Lohn

Im Jahr 1245 hatte der Trierer Erzbischof die Nase voll von den marodierenden Rittern der Burg Thurant. Er entsandte Truppen, die sich mit den Soldaten des Kölner Erzbischofs Konrad von Hochstaden verbündeten und die Burg weit über zwei Jahre erfolglos belagerten. Schließlich hatten sie die rettende Idee: Die Burg wurde mit ganz neuen Wurfmaschinen, den Blyden oder auch Bleyden bombardiert. Nach der Überlieferung sollen die Eroberer ihren Sieg mehr als ausgelassen gefeiert haben. Insgesamt leerten die erzbischöflichen Truppen nämlich die unglaubliche Menge von über 300 Fuder Wein aus den gut gefüllten Kellern der Burg – das entspricht einer Menge von 300 000 Litern.

mergrüne Buchsbaum-Sträucher, die es sonst nur in mediterranen Regionen gibt. An den Hängen tummeln sich wärmeliebende Smaragdeidechsen, und die harmlosen Schlingnattern sonnen sich in stillen Ecken. Kein Wunder, dass sich hier die meisten und schönsten Burgen befinden.

Heiliges Haupt

Gleich hinter Koblenz geht's los, und zwar mit einem kurzen Spaziergang vom Marktplatz im hübschen Kobern-Gondorf hinauf zur Oberburg mit der romantischen Matthiaskapelle. Hier soll angeblich der Schädel des Apostels Matthias ruhen. Er war bekanntermaßen Nachfolger von Judas Ischariot, der Jesus verriet – doch war jene Reliquie, die in der Kapelle verehrt wurde, sein abgeschlagenes Haupt? Und wie kam sie dorthin? Eine Theorie besagt, dass Heinrich II. von Isenburg-Kobern die Reliquie in Unterägypten gestohlen und dann nach Kobern mitgebracht haben soll. Eine andere geht davon aus, dass sich das Matthiasgrab in der Kirche St. Matthias in Trier befunden haben soll. 1354 ging jedenfalls das Haupt des Apostels in den Besitz des Erzbistums Trier über und gelangte Anfang des 15. Jahrhunderts in den Domschatz. Mit dem Verlust dieser Reliquie nahm dann auch die religiöse Bedeutung der Matthiaskapelle ab.

Vorsicht: Raubritter

Nicht weit ist es von Kobern-Gondorf zur doppeltürmigen Burgruine Thurant bei Alken. Die Ruine ist dank ihrer beiden über 30 m hohen Bergfriede in der Mitte und an der Südostecke unverwechselbar, vom „Kölner Turm" aus kann man einen fabelhaften Blick über das Hügelmeer genießen. Wer nur den Namen Thurant im Mittelalter bei einem Gespräch erwähnte, erzeugte bei seinen Zuhörern das kalte Grausen. Denn schon früh nach der Erbauung um 1200 durch Pfalzgraf Heinrich, den Sohn Heinrichs des Löwen, wurde die Burg zum Hort des Schreckens. In der Folterkammer wurden die Gefangenen der Raubritter zu Dutzenden gemartert, auf einem Strafbock enthauptet – und wenn die Thuranter Herren etwa Reisende, Kaufleute oder, wie 1252, gar einen Weintransport des Klosters Trond überfielen, brachten sie reiche Beute mit in die Burg.

Malerische Lagen

Welch eine unwirklich scheinende Pracht, wenn man um den 220 m hohen, von kargem Rasen überwucherten Brauselay-Felsen biegt – die „Loreley der Mosel" – und dann plötzlich vor dem blauen Himmel die gewaltige Kulisse der Reichsburg von Cochem auftaucht. Direkt dahinter ragt der Turm der Martinskirche aus der histori-

01 *Die Reichsburg liegt hoch über Cochem,*
02 *... die Matthiaskapelle über Kobern-Gondorf*
03 *Schloss Liebig in Kobern-Gondorf, einst eine Wohnburg*
04 *Die „Alte Thorschenke" in Cochem*
05 *Die Moselberge: ein ideales Revier für Gleitschirmflieger*

01

02

03

04

schen, mit Fachwerk reich bestückten Stadt heraus. Es ist das zweite Wahrzeichen dieser alten, schönen Gemeinde. Herrliche, blumengeschmückte Anlagen begleiten die Mosel an ihren Ufern. Eine Sesselbahn führt hinauf zum Pinnerkreuz, von wo aus der Blick ins wildromantische Enderttal schweift, an dessen Ende man die Ruine Winneburg erkennen kann. Der idyllische Yachthafen und das große Freizeitparadies „Moselbad Cochem“ geben dieser Stadt ein gastfreundliches Flair – ebenso die vielen guten Restaurants und schönen Hotels.

Höhepunkt der Entdeckertour

19 km von Cochem entfernt liegt die Eltz, dieser Märchen-Rittersitz – der Inbegriff einer sogenannten Wohnburg, worunter man ein mit Wehrmauern befestigtes, großzügig gestaltetes Haus-Ensemble versteht. Ursprünglich erbaut schon im 9. und 10. Jahrhundert, wurde die Anlage immer wieder um neue Häuser und Türme ergänzt – und so kann man sich gar nicht satt sehen an all den Türmchen, Erkern, Zinnen, Winkeln, Giebeln, den hohen Schornsteinen oder den schwarzen Schieferdächern.

Seit 1157 ist Burg Eltz im Besitz der Grafen von Eltz, die sie auch noch heute bewohnen. Da die Eltz, außer durch einen Brand 1920, nie beschädigt oder zerstört wurde, sind sämtliche Räume mit ihrer ursprünglichen Ausstattung erhalten, etwa im Rübenacher Haus, dessen Untersaal noch die Holzdecke aus dem 15. Jahrhundert besitzt. Pracht, so weit das Auge reicht: In den Gängen der Burg hängen Waffen und Rüstungen, alte Möbel und Kunstwerke zieren viele Ecken und Wände. In der 1981 wieder eröffneten Schatzkammer türmen sich, auf vier Geschossen, Kostbarkeiten aus Gold, Silber und Elfenbein, darunter die berühmte Figur des Johannes von Nepomuk, eine Augsburger Silberschmiedearbeit von 1752, und eine Hirschfigur mit der Jagdgöttin Diana.

Sie hatten ja auch genug Zeit, diese Schätze anzuhäufen, die Grafen von Eltz – einer aus der Sippe wurde im Jahre 1556 zum Kurfürsten von Trier gewählt, ein anderer, Hans Anton zu Eltz-Üttingen, konnte, als General im Dienste Ludwigs XIV., die Zerstörung der Eltz in der Zeit des Pfälzischen Erbfolgekrieges verhindern. Fürchten mussten die Grafen eigentlich nur Balduin von Luxemburg, den Erzbischof von Trier. Was dem nämlich 1328 bei Loretta von Sponheim nicht gelang, schaffte er acht Jahre später bei der Familie Eltz: Er zwang sie in die Knie und machte sie über viele Jahre zu seinen Lehnsleuten.

01 *Ein Meisterwerk der Baukunst ist Burg Eltz*
02 *Aus der Schatzkammer der Burg Eltz: das Trinkspiel der „Diana mit Hirsch“,*
03 *Schwan aus Gold und ...*
04 *... das Ungeheuer*
05 *Auch der Fahnensaal der Burg Eltz ist unbedingt sehenswert*

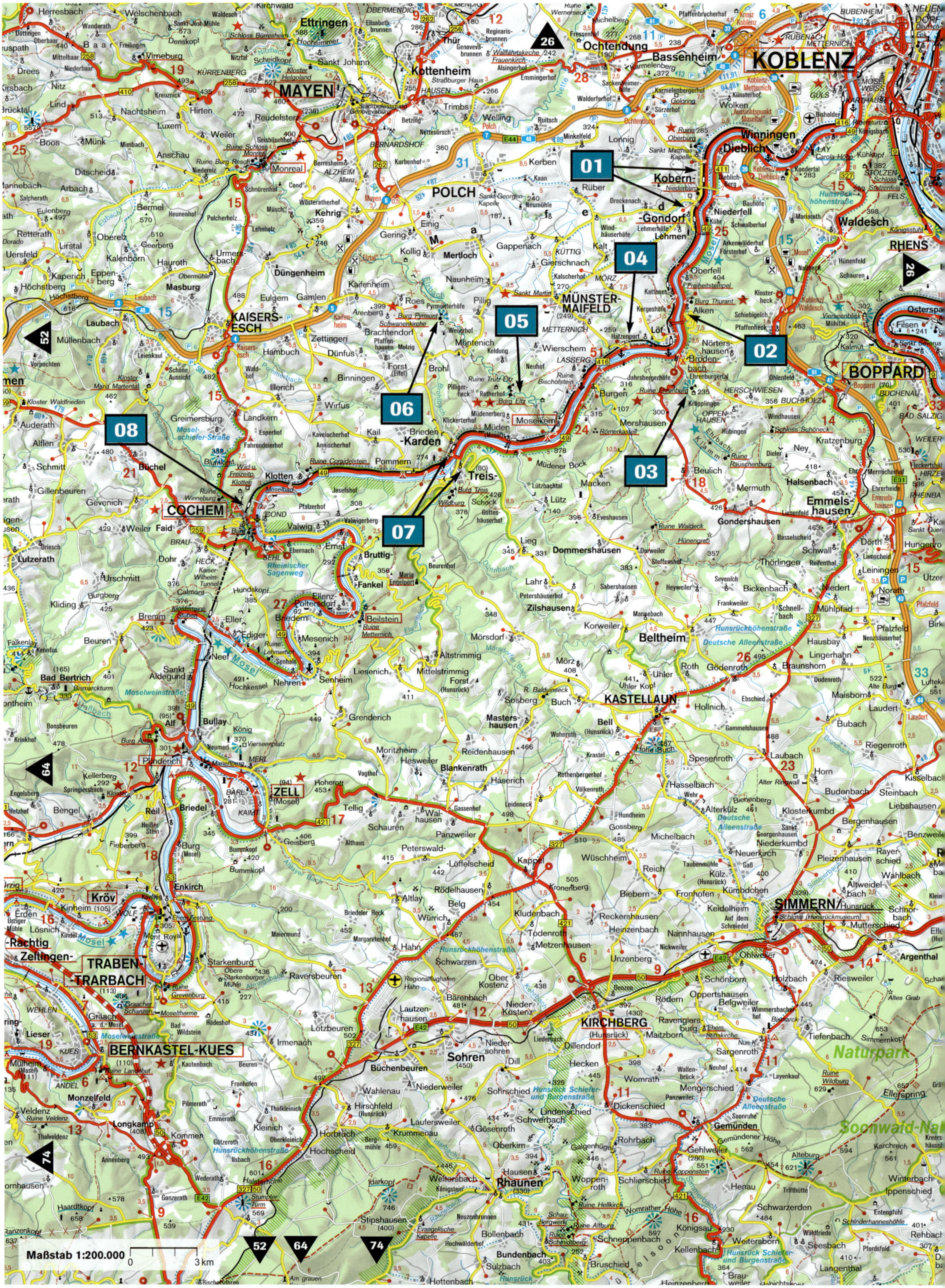

KOBLENZ
MAYEN
Ettringen
Ochtendung
Bassenheim
Kottenheim
POLCH
Winningen
Dieblich
Kobern-
-Gondorf
Lehmen
Waldesch
RHENS
BOPPARD
Münster-
Maifeld
Kaisers-
esch
Karden
Treis-
Cochem
Klotten
Ernst
Bruttig-
Fankel
Beilstein
Alken
Brodenbach
Burgen
Moselkern
Müden
Emmels-
hausen
Halsenbach
Gondershausen
Dommershausen
Beltheim
KASTELLAUN
Bullay
Alf
Zell
(Mosel)
Briedel
Enkirch
Kröv
Traben-
-Trarbach
Bernkastel-Kues
Kirchberg
(Hunsrück)
Sohren
Rhaunen
Simmern/
Hunsrück
Gemünden
Kirchberg
01
02
03
04
05
06
07
08
26
52
64
74
Naturpark
Maßstab 1:200.000
0
3 km

Burgen, Türme und Erker

Geschichten und Geschichte – sie sind allgegenwärtig in den Burgen und Ruinen, die sich entlang der Mosel aufreihen. Lebendig präsentiert sich die Ehrenburg, liebevoll renoviert etwa Burg Pyrmont und die Eltz. Die prächtige Reichsburg erhebt sich majestätisch auf einem steil zur Mosel abfallenden Felskegel über Cochem. Tief eingeschnittene Mosel-Seitentäler gestalten die reizvolle, im Volksmund auch „Siebengebirge der Mosel" genannte Landschaft rund um Treis-Karden.

Der Herbst zaubert erste Farben auf die sanft geschwungenen Hügel rund um Kobern-Gondorf.

01 KOBERN-GONDORF

Der hübsche Weinort bietet mit seinen Fachwerkfassaden rund um den mittelalterlichen Marktplatz ein heimeliges Ambiente.

SEHENSWERT Zeuge der Vergangenheit ist **Schloss Liebig,** das Stammschloss der Fürsten von der Leyen. Unter dem Bau führt seit 1971 eine Straße hindurch, seit 1876 teilt die Eisenbahn das Anwesen. Das Schloss ist die einzige Wasserburg an der Mosel. Der Stammsitz der Fürsten von der Leyen wurde um 1560 zum Schloss gestaltet, im Jahre 1907 restauriert und beherbergt heute eine Ausstellung des Landeshauptarchivs. Sehenswert sind auch der mittelalterliche Marktplatz mit Tatzelwurmbrunnen und das älteste Fachwerkhaus Deutschlands, der „Abteihof St. Marien", der eine bewegte Vergangenheit besitzt.

Wann die **Oberburg** genau entstanden ist, lässt sich nicht sagen. Eine erste Erwähnung der Herren von Kobern stammt aus dem Jahre 1126. Gut erhalten ist noch der quadratische Bergfried (Möglichkeit zur Einkehr im Restaurant) aus dem 12. Jahrhundert. 1936 setzte man dem Bergfried zum Schutz der Gewölbe ein Zeltdach auf. Neben dem Bergfried befindet sich die sagenumwobene **Matthiaskapelle.** Sie wurde in der Zeit zwischen 1220 und 1230 erbaut, also in der Endzeit des Staufischen Kaisergeschlechts. Bis zum 14. Jh. soll die Kapelle das Haupt des Apostels Matthias beherbergt haben. Diese wertvolle Reliquie zog natürlich auch Pilger an. Die Reste der **Niederburg,** 1195 erbaut und 1689 zerstört, befinden sich auf der unteren Spitze des Berggrates zwischen Moseltal und Mühlbachtal, unterhalb der Oberburg.

INFORMATION

Tourist-Information Kobern-Gondorf,
Tel. 02607/10 55, www.kobern-gondorf.de

02 ALKEN

Alken ist einer der reizvollsten Orte an der Untermosel.

SEHENSWERT Der idyllische Ort besitzt im alten Ortskern zahlreiche Zeugnisse längst vergangener Jahrhunderte: einen dicken **Wehr- und Zollturm, Stadttore, Türme** und **Reste der Ringmauer** und die alte **„St.-Michaels-Kirche"** mit Wandfresken, Gebeinhaus und ihrem schönen Treppenaufgang. Hoch über Alken thront die mächtige **Burg Thurant.** Sie wurde vom Pfalzgrafen Heinrich, dem Bruder König Ottos VI. und Sohn Heinrichs des Löwen, um 1200 erbaut. Der Name leitet sich von der Festung Thuron bei Tyrus im damaligen Syrien (heute Libanon) ab, die er während der Kreuzzüge 1197 vergeblich zu erobern suchte. Der Pfalzgraf glaubte, durch die Namensübertragung auch seine Burg mit einer uneinnehmbaren Festung gleichzusetzen. Im Untergeschoss des sogenannten „Kölner Turms", der bestiegen werden kann, öffnet eine Falltür den Weg zum ehemaligen Verlies. Der Strafbock darüber diente Enthauptungen. Zur Anlage gehören ein Schlosshof mit Zisterne, eine Folterkammer, ein Jagdzimmer, ein kleines Museum mit einer Sammlung an Möbeln, Rüstungen und Kunstwerken sowie mehrere Weinkeller, die mit alten Geräten zur Weinherstellung ausgestattet sind. Dort werden auch Weinproben veranstaltet (März und April, Mai–Nov. tgl. ab 10.00 Uhr, Winter: nach Vereinbarung, Tel. 02605/20 04, www.thurant.de).

AKTIVITÄT Auf dem neuen **Themenwanderweg** zwischen Alken und Oberfell begibt man sich auf eine Zeitreise, entdeckt 800 000 Jahre Menschheits- und Siedlungsgeschichte.

INFORMATION

Verkehrsverein Alken e. V.
Schulstraße 4, 56332 Alken/Mosel,
Tel. 02605/790, www.alken.de

03 EHRENBURG

Die Ehrenburg befindet sich auf einem Felssporn oberhalb des malerischen Ehrbachtals nahe Brodenbach.

GESCHICHTE Die Burg wurde um 1125 n. Chr. auf römischem Refugium errichtet, um den Moselübergang bei Brodenbach verteidigen zu können.

SEHENSWERT Dem Bergfried vorgelagert ist ein sogenannter **Rampenturm.** Dieser massive Bastionsturm zählt zu den frühesten in seiner Art in Deutschland, er wurde gegen Ende des 15. Jahrhunderts erbaut.

Dem Thema der Ehrenberger widmet sich das Schüler- und Jugendprogramm „1192 – Zeitreise zu den Rittern". Die Besucher werden in das Jahr 1192 mitgenommen, dürfen den Alltag auf der Burg miterleben (nach Voranmeldung). An allen Sonn- und Feiertagen in der Saison lädt das Aktivprogramm „Lebendige Burg" zum Mitmachen ein, zu Burgerkundung, Spielen und Handwerk, an besonderen Feiertagen die „Verwunschene Burg" mit Musik, Kleinkunst, Theater und Artistik (Ostersonntag–Allerheiligen Mi.–Sa. 10.00 bis 16.00, So. und Feiertage 11.00–18.00 Uhr).

INFORMATION

Ehrenburg, 56332 Brodenbach/Mosel,
Tel. 02605/30 77, www.ehrenburg.de

Kinder-Entertainment auf der Ehrenburg

04 HATZENPORT

An einem steilen Südhang zieht sich das 700-Einwohner-Örtchen zwischen mit Riesling bepflanzten Bergen und der Mosel hin.

SEHENSWERT Die **St. Johanniskirche** (erbaut um 1280) besitzt eine hübsche Turmuhr aus dem 16. und 17. Jahrhundert. Die heutige **Burgruine Bischofstein** ist das Überbleibsel jener Festung, die von Erzbischof Arnold I. von Trier zur Sicherung des Moseltals in den Jahren 1169 bis 1183 in Auftrag gegeben wurde. Den mächtigen Bergfried ziert in der Mitte ein weißer Ring. Höchstwahrscheinlich ist er als Rest eines Verputzes übrig geblieben, auf dem sich früher ein hölzerner Wehrgang befand. Als die Burg 1689 durch die Franzosen in Brand gesteckt wurde, brannte sich der Kalk des schon stark angewitterten Verputzes in das Mauerwerk ein. An den Palas an der Südseite schließt sich die zierliche **Stephanuskapelle** an. Das Gewölbe der Kapelle und das Fachwerk am Palas stammen von 1933.

INFORMATION
Fremdenverkehrs- und Heimatverein Hatzenport
Moselstraße 44, 56332 Hatzenport
Tel. 02605/95 24 85, www.hatzenport.de

05 BURG ELTZ

Seit fast 1000 Jahren ist die Burg Eltz im Familienbesitz, und sie ist eine der wenigen Burgen, die dank glücklicher Fügungen im Laufe der Jahrhunderte nie zerstört wurden.

GESCHICHTE Die Burg Eltz wurde wie viele Burgen im 9. und 10. Jh. erbaut. Zwischen dem 11. und 13. Jh. wird der Name erstmals erwähnt. Die Burg fiel im Jahre 1157 nach einer Schenkung von Kaiser Friedrich I. Barbarossa in den Besitz von Rudolf von Eltz. Aus dieser Zeit stammen der noch heute erhaltene spätromanische Bergfried Platt-Eltz und Reste des romanischen Wohnhauses im Kempenicher Haus. Noch vor 1268 kam es aufgrund von familiären Auseinandersetzungen zu einer Stammes- und Burgteilung und einer Aufteilung des Vermögens. Im 19. Jh. wurde unter Graf Karl zu Eltz die Restaurierung der Burg durchgeführt. Die Arbeiten dauerten über 40 Jahre und kosteten umgerechnet fast acht Mio. Euro. Heute ist Dr. Karl Graf von und zu Eltz-Kempenich in der 33. Generation Eigentümer.

SEHENSWERT Heute besteht Burg Eltz aus bis zu 45 m hohen **Wohntürmen** **TOPZIEL**, die um den Innenhof gebaut sind. Der Bau wurde der natürlichen Form jenes Felsens angeglichen, auf dem die Burg ruht. Dem langen Familienbesitz verdanken das **Rübenacher Haus,** die **Rodendörfer** und die **Kempenicher Häuser** ihre Namen. Im Burghof ist Baugeschichte aus einem halben Jahrtausend von der Romanik bis zum frühen Barock zu bewundern. In den Räumen des Rübenacher Hauses hat sich der mittelalterliche Charakter bewahrt. Sehr eindrucksvoll sind der Rübenacher Obersaal, ausgemalt mit gotischen Ornamenten, der festliche Rittersaal, der Fahnensaal mit seinem gotischen Netzgewölbe und die unversehrte spätmittelalterliche Rodendorfer Küche. Über 500 Exponate aus dem 12. bis 19. Jh. ruhen in der **Schatzkammer.** Es sind zum Beispiel Meisterwerke der Gold- und Silberschmiedekunst wie das Trinkspiel der Diana, aber auch Kuriositäten wie der „Dukatenscheißer" (April bis Okt., tgl. 9.30–17.30 Uhr)

INFORMATION
Gräflich Eltz'sche Kastellanei Burg Eltz,
56294 Münstermaifeld, Tel. 02672/95 05 00,
www.burg-eltz.de

06 BURG PYRMONT

Die schönste Ruine in der Eifel liegt im Tal des Elzbaches. Wahrzeichen der Ritterburg ist ihr markanter Bergfried.

SEHENSWERT Spannend ist eine Besichtigung der gegen Ende des 12. Jh.s erbauten, 1810 teilweise abgebrochenen Burg, in deren Geschichte zunächst ein Video einführt. Anschließend geht's durch die historischen Räume: die Waffenkammer und Rüstkammer, die Folterkammer, den Rittersaal, das Barockzimmer, die Bibliothek, das Jagdzimmer und die alte Küche. Es bietet sich auch an, den Rundgang am **Osttor** zu beginnen. Von dort ausgehend verläuft auf ca. 50 m Länge an der Südseite der Burganlage die **Wehrgangsmauer.** Sie schließt an dieser Stelle den rechteckigen Burghof ab. An der Südmauer sind Reste der 1381 erwähnten „Oberburg" und aus dem 15. Jh. Reste des sogenannten „neuen Hauses" und des Kelterhauses zu sehen, eines Tonnengewölbe-Kellers. Der älteste Teil der Ritterburg ist der runde **Bergfried** mit einer Höhe von über 24 m und einem Durchmesser von über 9 m. Das oberste Geschoss schmückt ein Rundbogenfries (Mi.–So., Feiertag Juni–Aug. 10.00–17.00, Mai, Sept., Okt. 11.00–16.00 Uhr).

INFORMATION
Burg Pyrmont, 56754 Roes,
Tel. 02672/23 45, www.burg-pyrmont.de

07 TREIS-KARDEN

Viele Fachwerkhäuser (16.–18. Jh.) und Wohnhäuser in typisch moselländischer Bruchstein-Bauweise prägen das Ortsbild.

SEHENSWERT Die Stiftskirche **St. Castor** mit der Barockorgel des Johann Michael Stumm, dem Terrakotta-Altar, dem Altarschrein der Hl. Drei Könige und der Krypta befindet sich im Ortsteil Karden nahe dem Zehnthaus. Sie ist die älteste Kirche zwischen Trier und Koblenz und wurde im 12. und 13. Jh. auf Fundamenten einer karolingischen Kirche erbaut. Wegen ihres wuchtigen Baustils wird sie auch „Moseldom" genannt. Treis-Karden besaß einst zwei Burgen, ein Zeichen für die ehemals strategische Bedeutung des Ortes. Vom Rittersitz **Burg Treis** ist nur noch ein Bergfried zu sehen. Die zweite Burg, die **Wildburg,** kann nicht besichtigt werden (Privatbesitz).

MUSEUM Das **Stiftsmuseum** ist im renovierten Zehnthaus (hinter der Stiftskirche), im

Ein Knochenjob: Entleeren der schweren Kiepen

ehemaligen Speisesaal (Refektorium) der Stiftsherren von 1238 untergebracht. Die Ausstellungsstücke dokumentieren 2000 Jahre Ortsgeschichte mit Funden aus keltischer, römischer und fränkischer Zeit. Auch Kunstschätze des ehemaligen Kollegiat-Stiftes St. Castor sind zu sehen, etwa Vortragekreuze (12. Jh.), Choralmessbücher, Rituale und Gebetbücher (14.–17. Jh), Kreuze, Kelche und eine Strahlenmonstranz aus dem 18. Jahrhundert (Ostern, Mai–Okt. Fr. 14.00–17.00, Sa., So., Feiertag 10.00–12.00 u. 14.00–17.00 Uhr).

AKTIVITÄTEN Interessante Themenwege sind der **Buchsbaum-Wanderpfad** (4,1 km, Karden–Müden) und der **Schiefergrubenweg** (7 km) in Lütz. Festes Schuhwerk ist für Wanderfreunde hier absolut empfehlenswert.

INFORMATION
*Tourist-Information Treis-Karden,
Hauptstraße 27, 56253 Treis-Karden,
Tel. 02672/61 37, www.treis-karden.de*

08 COCHEM

Cochem liegt malerisch auf der linken Seite einer langen Moselschleife (Cochemer Krampen) zwischen der Reichsburg, der Ruine Winneburg im tiefen Enderttal und dem Aussichtspunkt Pinnerberg. Mit Millionen von Tagesbesuchern jährlich, aus ganz Europa und darüber hinaus, zählt Cochem zu den meistbesuchten Orten an der Mosel.

GESCHICHTE Urkundlich erwähnt wurde der Ort erstmals im Jahr 886 als Zollstätte Cuachoma. Bis 1150 war er ein Reichslehen, bevor er dann von Burggrafen verwaltet wurde. 1294 wurden Reichsburg und Ort an den Trierer Erzbischof Boemund von Warnesberg verpfändet. Rund 500 Jahre blieben sie unter kurtrierischer Verwaltung. Anfang des 14. Jh.s wurde mit dem Bau einer Stadtbefestigung begonnen. Zweimal wurde die Stadt schwer zerstört – 1689 und 1944 –, doch auch zweimal wieder aufgebaut.

SEHENSWERT Der idyllische, restaurierte **Altstadtkern** und mittelalterliche Stadttore wie das prächtige **Balduinstor, Martinstor** und **Enderttor** mit der Alten Thorschenke und Mauerresten, der Marktbrunnen mit einem Standbild des hl. Martin oder der **Marktplatz** mit dem über 200 Jahre alten barocken Rathaus prägen das mittelalterliche Stadtbild und vermitteln viel Moselromantik. Alles überragend erhebt sich die barocke Turmhaube der **Martinskirche.**
Reichsburg **TOPZIEL**: Sie ist das Wahrzeichen von Cochem: Erbaut um das Jahr 1100 unter Pfalzgraf Ezzo, vermachte der sie seiner ältesten Tochter. Kaiser Konrad III. zwang 1151 die Insassen der Reichsburg mit Waffengewalt zur Übergabe und brachte die Ritterburg als „erledigtes Reichslehen" in seine Gewalt. Seit 1978 ist die Stadt Cochem im Besitz der Burg. Der Bergfried stammt im Innern noch aus der Erbauungszeit der Ritterburg, wurde aber im 14. Jh. ummantelt und erhöht. Ebenfalls noch aus dem 11. Jh. stammen der sogenannte Hexenturm und ein Gewölbekeller. Herausragend sind auch die Räume im mittelalterlichen Baustil. Eine der Hauptattraktionen, v. a. für Ausflugsgruppen oder Belegschaften, ist die vierstündige **Gasterey nach Art der alten Rittersleut.** Das üppig-zünftige Rittermahl beginnt mit einer Führung. Im Anschluss werden Roggenbrot mit Griebenschmalz, Suppe, Keulen vom Grill, Käse, Weintrauben, Nüsse und Gebäck sowie Moselwein aufgetischt (Tel. 02671/255, www.reichsburg-cochem.de; Mitte März–Mitte Nov. kann die Burg tgl. 9.00–17.00 Uhr besichtigt werden, Burgführungen auch im Dezember).

Tipp

Stilvoll genießen

Hier kann man in urigen Altstadträumen nächtigen – und Küchenchef Ingo Beth verwöhnt im L'Auberge du Vin mit Gerichten wie „Jakobsmuscheln auf Erbsenpüree in Zitronengrassauce mit Kartoffelstroh".
*Hotel und Restaurant Lohspeicher,
Obergasse 1, 56812 Cochem,
Tel. 02671/39 76, www.lohspeicher.de*

EINKAUFEN Die **Historische Senfmühle** ist fast 200 Jahre alt und wird weiter betrieben; mit Führungen (Stadionstr. 1, 56812 Cochem, Tel. 02671/60 76 65, www.senfmuehle.net).

UMGEBUNG Unterhalb der Burg führt ein Pfad zur **Pestkapelle St. Rochus,** auch Peterskapelle genannt. Sie wurde um 1860 erbaut. Dabei handelt es sich um einen halbkreisförmig geschlossenen Saalbau.
Bei Klotten auf einem Berghügel liegt die **Burgruine Coraidelstein** (5 km nördl.), ursprünglich eine Befestigung der Römer. Dies belegen Münz- und Keramikfunde, aber auch Lehmreste von Hütten sowie Spuren am Brunnenschacht. Die antike Befestigung gehörte zu einer ganzen Kette römischer Militäranlagen, die entlang der Mosel zur Bewachung der Wasserstraße und zur Nachrichtenübermittlung angelegt worden waren.

INFORMATION
*Tourist-Information Cochem,
Endertplatz 1, 56812 Cochem,
Tel. 02671/60040, www.cochem.de*

Nicht versäumen!

AKTIV

Burgabenteuer
Vielgestaltig ist das Programm, das Besucher auf der Ehrenburg erwartet: Da tummeln sich, je nach Themenfest, Komödianten und Hexen, Spielmänner und Gaukler. Hier heißt es: Mitmachen bei mittelalterlichen Spielen.

Siehe Nr. 03

KULTUR

Turm- und Erker-Fülle
Wunderschön ist das Erscheinungsbild der Burg Eltz. In ihren acht eng um den Innenhof erbauten Wohntürmen lebten einst in mehr als 100 Räumen etwa 100 Familienmitglieder mit der gleichen Anzahl Bediensteter.

TOPZIEL Siehe Nr. 05

NATUR

Festes Schuhwerk ist gefragt
Wilder Buchsbaum hat sich auf rund 300 ha an den Steilhängen bei Treis-Karden ausgebreitet. Wer die Pflanzen näher anschauen möchte, muss Trittsicherheit mitbringen. Denn der Weg führt über teils schmale Weinbergspfade.

Siehe Nr. 07

KULTUR

Besuchermagnet
Rund 350 000 Übernachtungsgäste pro Jahr können nicht irren: Das malerische Moselstädtchen Cochem lohnt mit seinem bezaubernden Fachwerk im Moselbarock, den Türmen, Toren und Gassen unbedingt einen Besuch.

Siehe Nr. 08

KULTUR

Burgen-Highlight
Die Reichsburg in Cochem beeindruckt nicht nur durch ihr imposantes Äußeres, sondern auch mit mittelalterlichem Mobiliar, Teppichen, Tapisserien, Kachelöfen und einer imposanten Sammlung von Kunstwerken der Renaissance.

TOPZIEL Siehe Nr. 08

Wo der elegante Riesling reift

Mosel und Wein, das sind Begriffe, die schon seit zwei Jahrtausenden fest zusammengehören. Über lange Zeit prägte der Wein nicht nur die Flusslandschaft, sondern auch Orte und Menschen. Denn alles dreht sich hier um den Rebensaft, der vornehmlich aus den Rieslingtrauben stammt. Weinberge und Weingüter, Straußwirtschaften und Winzerfeste verleihen der Region ihr Gesicht. Wer etwas Abstand braucht, der klettert hinauf auf den Bremmer Calmont und schaut sich das alles in relativer Ruhe von oben an.

Vom Bremmer Calmont, dem steilsten Weinberg Europas, bietet sich ein beeindruckender Blick auf die Moselschleife.

01

„Schnappen hör ich schon die Traubenschere, und die Hand des Winzers zuckt im Gold …“

Friedrich Schnack, aus: Weinlied

02

03

04

Schwer wie nasses Küchenkrepp kleben die letzten Nebelreste im Tal, verlieren sich in orange-gelbgold gefärbten Pappeln und über dem Fluss, wickeln sich um die Felsen des Petersbergs und die Ruine des Klosters Stuben. Einige warme Windstöße tragen das Tuckern eines Treckers herauf, das sanfte Brummen der Moselschiffe und den hellen Glockenschlag des Kirchturms der Bremmer St. Laurentius-Kirche. Die Grillen zirpen im Weinberg, als könnten sie den noch jungen November vertreiben mit ihrem Lärm und den Winter in letzter Minute aufhalten, und über der Szenerie wölbt sich ein Himmel wie ein blaues Segeltuch, das von Falten aus feinen Federwölkchen überzogen ist.

Zwischen den Reben – da raschelt's und wuselt's wie in einem Ameisenhaufen. Weinlese ist angesagt. Mit wuchtigen Schritten stemmen die acht Männer und Frauen ihre Stiefel in den bis zu 65 Grad steilen Schieferhang – schneiden, zwicken und zwacken, was das Zeug hält, mit Scheren oder den Fingern, am besten einem „Werkzeug“ aus Daumen und Zeigefinger. Eine fruchtige Spätlese, die darf nämlich nicht warten am Rebstock, denn wenn Ende November die ersten scharfen Fröste drohen, wären die vor Süße fast tropfenden Trauben geschädigt.

Kaleidoskop der Weinkultur

Kaum ein anderer Ort an der Mosel besitzt so viele schöne Winzerhäuser wie Ediger-Eller, aber auch Kloster- und Adelshöfe, die für den Weinbau wichtig waren. Doch noch berühmter als der idyllische Ortskern ist die Kreuzkapelle auf dem Ediger Berg, die 1480 geweiht wurde. Sie enthält nämlich das Relief „Christus in der Kelter“. Es ist so bedeutend, weil es das religiöse Motiv vom Leiden Christi in bildlichen Zusammenhang mit einer Traubenpresse bringt – Leid und Freude, gepresste Traube und lieblicher Wein, Christi Qualen und die Erlösung der Menschheit liegen nahe beieinander, so die Botschaft, die ein unbe-

01 *Hilfreiches Transportmittel: die Weinbahn*
02 *Mühsame Lese in der Steillage*
03 *Der richtige Rebzuschnitt zählt*
04 *Panorama nahe Zell von der Marienburg*

01

02

03

Auf dem Weg nach Traben-Trarbach liegen zahllose hervorragende Weingüter.

kannter Künstler Mitte des 16. Jahrhunderts verewigte. Gläubige sollen in der Kapelle schöne kirchliche Gesänge gehört haben, ohne dass ein Chor anwesend war.
Ein Kaleidoskop der 2000-jährigen Weinkultur ist die Sammlung des Weinmuseums Senheim, nur wenige Kilometer von Ediger-Eller entfernt. Was gibt es dort nicht alles zu sehen – alte Küfer- oder Winzerwerkzeuge, eine Bacchusfigur aus Elfenbein aus dem 18. Jahrhundert, ein Glasfass aus dem Jahr 1898 von Kaiser Wilhelm II. und vieles mehr.

Ein richtiger Alpin-Klettersteig

Wer bei so viel Einblick auch mal gerne Ausblicke genießen möchte – bitte sehr. Wenn nicht gerade Erntearbeiter den Calmont oberhalb von Bremm bevölkern, dann tun's ganz bestimmt die Wanderer. Denn dem steilsten Weinberg Europas kann man aufs Dach steigen. Doch aufgepasst, die Alpenvereins-Sektion Koblenz hat nicht umsonst an der Konzeption des etwa 5 km langen Wegs mitgewirkt – der Marsch ist nur etwas für Schwindelfreie. Trittsicher sollte man zudem sein, denn es gilt, sechs Steigleitern, 22 Trittbügel und 16 Trittstifte zu überwinden. Am Wegesrand grüßen der schneeweiße Hirschwurz, goldgelbe Goldhaar-Astern oder der pinkfarbene Kamm-Wachtelweizen. Mit etwas Glück sieht man eine graublaue, schwarz gemusterte Ringnatter, einen Bussard oder Falken oder einen weißen Apollofalter – leicht zu erkennen an den zwei roten Tupfen auf den Flügeln. Oben belohnt ein atemberaubendes Panorama für die Aufstiegsmühe – und an Tagen mit guter Thermik kann man den Gleitschirmfliegern zusehen, die sich von dem Hang ins Tal stürzen. Übrigens: Ein leicht zu erreichender Aussichtspunkt ist auch das Eulenköpfchen auf dem Petersberg oberhalb von Neef.

Wein direkt ab Winzer

Auf dem Weg nach Traben-Trarbach liegen zahllose hervorragende Weingüter, etwa, im Zeller Ortsteil Merl, jenes von Albert Kallfelz, der mit seinem Weingut höchste Listenplätze erobert. Man nutze die Möglichkeit, unmittelbar beim Erzeuger Wein probieren und kaufen zu können – das Angebot ist meistens günstiger als im heimischen Weinladen. Eine passende Gelegenheit zur Verkostung sind vor allem die vielen Weinstraßenfeste, insbesondere im Juli und August, die Federweißenfeste im Herbst oder die „Tage der offenen Weinkeller". Natürlich gibt es vor allem Riesling-Gewächse. Mehr und mehr wird aber auch wieder Rotwein an der Mosel angebaut. Gerade das jüngere Publikum schätzt

01 *Gemütlicher Innenhof der Burg Arras in Alf*
02 *Berühmtes Motiv in Ediger-Eller: „Christus in der Kelter"*
03 *Eines der Wahrzeichen von Zell: der Pulverturm*
04 *Die bekannte „Schwarze Katz" in Zell*
05 *Fachwerkfront in Enkirch*

01

JULIUS KAYSER & CO.
Moselle Wine Growers & Shippers
TRABEN-TRARBACH ON THE MOSELLE
Sole Agents for South Africa
LIEBERMANN, BELLSTEDT & C

02

03

SPECIAL Straußwirtschaften

Klein und eng und sehr beliebt

Ob in der Strauß- oder Besenwirtschaft oder dem österreichischen Buschenschank: Hier trifft man sich mit Freunden bei einfachen Gerichten und vom Winzer selbst erzeugtem Wein.

Nicht mehr als 40

Sie sind in jedem Weinort der Mosel anzutreffen: die sogenannten Straußwirtschaften. Sie gehen zurück auf einen uralten Winzerbrauch aus dem 8. Jahrhundert. Damals hat Kaiser Karl der Große den Winzern per Dekret erlaubt, während vier Monaten im Jahr ihre eigenen Weine auszuschenken und dazu kleine, passende Gerichte anzubieten – meistens Speckplätzchen oder Schmalzbrote. Der Herrscher nahm es genau – die Zahl der Sitzplätze wurde nämlich auf maximal 40 festgelegt. Kennzeichen der Straußwirtschaften ist ein meistens an der Türe aufgehängter Strauß oder Kranz aus Trockenblumen.

die oft säurearmen, süffigen Spätburgunder und den intensivfarbigen Dornfelder.

Die Dengler

Klanglich gibt es eine weitere Besonderheit an der Mittelmosel. Sie nennen sich die „Bruttiger Dengler" – und sie betreiben ein in Deutschland wohl einmaliges Hobby, das Läuten (Dengeln) der Kirchturm-Glocken von Hand. An Weihnachten, Ostern, dem Weißen Sonntag, Pfingsten, Fronleichnam und vor allem bei der Kirmes ist das Werk der ausschließlich männlichen Denglergruppe aus Bruttig lautstark zu hören. Dann werden die drei Glocken auf dem Kirchturm in melodischer Folge und wechselndem Rhythmus durch Ziehen des Klöppels von Hand angeschlagen. Die größte, St. Margaretha, schwingt mittels Motor und gibt den Takt vor. Nur der Klöppel wird mit der Hand, entsprechend dem Takt, abgestoppt. Die beiden anderen Glocken hängen still, während der Klöppel von Hand geschlagen wird. Dieses Zusammenspiel erzeugt eine schöne Modulation.

Wein und Jugendstil

Auch Traben-Trarbach hat sich, auf über 60 Info-Tafeln, dem Wein verschrieben – die „Riesling-Route" führt kreuz und quer durch das zauberhafte Jugendstil-Städtchen und zu Winzern in der Umgebung. Vom „Steckbrief eines Rieslings" über Traubenkelterung und Goethes Erlebnisse mit den Moselgewächsen reicht das Spektrum – und ganz nebenbei bekommt man die wohl prachtvollsten Jugendstilbauten der ganzen Region zu sehen. Beispiel gefällig? Dann fahre man einfach durch das Brückentor nach Trarbach – ein Werk des Architekten Bruno Möhring aus Berlin.

Beginnend an der Mitte des 18. Jahrhunderts machte der Handel den Ort Trarbach für gute 200 Jahre zur reichsten Gemeinde an der ganzen Mosel. Jedermann kann die Ära nacherleben – sei es bei einem Gang am Moselufer entlang, sei es in jener Prachtresidenz, die sich der Unternehmer Böcking 1760 am Trabener Ufer in der heutigen Casinostraße erbauen und mit solch erlesenem Luxus einrichten ließ, dass selbst der große Dichter Johann Wolfgang von Goethe, der hier am 2. November 1792 von Frankreich kommend nächtigte, in höchstes Entzücken ausbrach. Heute ist in der wunderschönen Residenz das Mittelmosel-Museum untergebracht. Die gepflegten Räume versetzen den Gast in die Blütezeit des Großbürgertums zurück. Außerdem werden kostbare Karten, Ofen- und Takenplatten und Bilder gezeigt. Burg- und Stadtmodell machen die Entwicklung des Mittelmoselraumes erfahrbar.

01 *Teatime im Hotel Bellevue in Traben-Trarbach*
02 *Hier gibt's Musik zum Wein*
03 *Die Ruine Grevenburg erlaubt einen Blick auf das romantische Traben-Trarbach*
04 *Die Winzerin am Hauptplatz ...*
05 *... und die Villa Breucker in Traben-Trarbach*

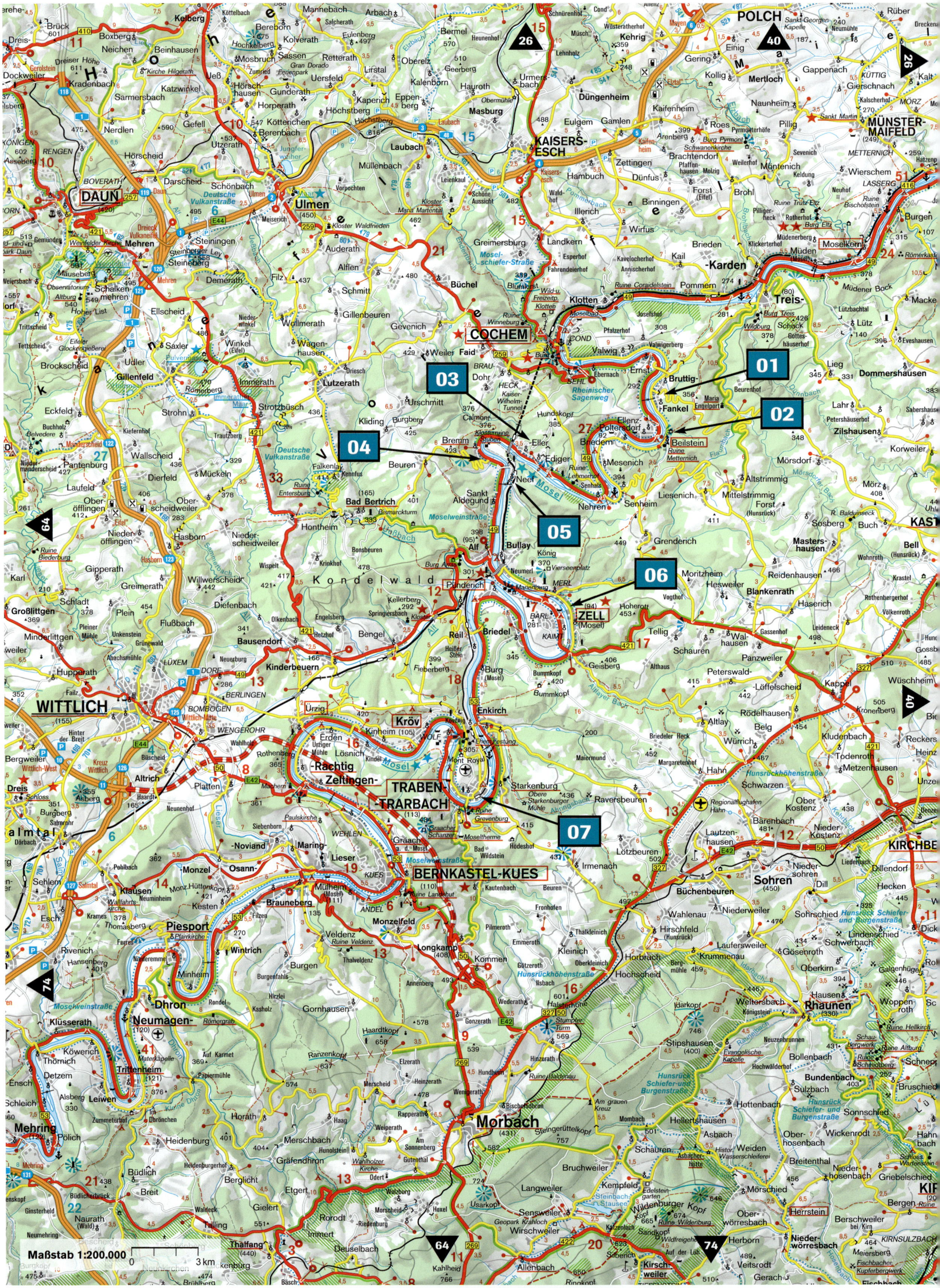
01
02
03
04
05
06
07
COCHEM
DAUN
ULMEN
KAISERSESCH
POLCH
MÜNSTER-MAIFELD
Karden
Treis-Karden
Moselkern
Klotten
Bruttig-Fankel
Beilstein
Ellenz-Poltersdorf
Senheim
Mesenich
Bremm
Ediger-Eller
Neef
Nehren
Alf
Bullay
Pünderich
ZELL (Mosel)
Merl
Kaimt
Barl
Briedel
Reil
Enkirch
Kröv
Ürzig
Erden
Rachtig
Zeltingen-
TRABEN-TRARBACH
Mont Royal
BERNKASTEL-KUES
Graach
Wehlen
Maring-Noviand
Lieser
Mülheim (Mosel)
Brauneberg
Piesport
Minheim
Neumagen-Dhron
Trittenheim
Klüsserath
Köwerich
Leiwen
Mehring
WITTLICH
Bad Bertrich
Kondelwald
Lutzerath
Gillenfeld
Manderscheid
Morbach
Kirchberg
Sohren
Rhaunen
Blankenrath
Hahn
Büchenbeuren
Kastellaun
Mosel
Moselweinstraße
Deutsche Vulkanstraße
Hunsrückhöhenstraße
Hunsrück-Schiefer- und Burgenstraße
Mosel-schiefer-Straße
Rheinischer Sagenweg
Burg Eltz
Burg Pyrmont
Reichsburg
Marienburg
Burg Arras
Grevenburg
Burg Landshut
Maßstab 1:200.000
0
3 km
26
40
64
74

Auf den Höhen der Moselrücken

Die Erntehelfer im Calmont haben zur Zeit der Weinlese kaum die Muße, diesen herrlichen Blick über die Moselschleife zu genießen. Der entzückt jedoch all jene, die den steilsten Weinberg Europas wandernd erklommen haben. An seinem Fuße bieten sich dem Auge wunderschöne Fachwerkarchitektur, Burgen, Festungen und Ringmauern, aber auch Jugendstilhäuser wie in Traben-Trarbach. Viele Weinfeste laden jenseits der sportlichen Aktivitäten zum Genuss.

01 BRUTTIG-FANKEL

Die beiden alten Winzerorte Bruttig und Fankel bestechen mit ihrer Fachwerkarchitektur und ihren vielen Giebeln und Erkern in winkligen Gassen. Sie liegen am rechten Moselufer, ca. 8 km flussaufwärts von Cochem und bilden seit 1969 die Doppelgemeinde Bruttig-Fankel mit knapp 1200 Einwohnern. Beide Orte sind keltisch-römischen Ursprungs.

SEHENSWERT Paradebeispiel für die Architektur ist das **Haus Schunk** in Bruttig, 1656 als Haus des kurtrierischen Schultheißen Paulus Pauli erbaut. Sehenswert ist auch das Interieur. Das 1619 erbaute ehemalige **Rathaus** steht frei vor der Moselfront des Ortes. Es ist ein dreigeschossiger, verputzter Giebelbau mit einem runden Treppenturm auf der dem Dorf zugewandten Seite. Das Untergeschoss diente in früheren Zeiten als Geräte- und Aufenthaltsraum. Die katholische **Pfarrkirche St. Margaretha** wurde in den Jahren 1845 bis 1847 anstelle eines spätgotischen Vorgängerbaus errichtet. Der Turm stammt noch vom Anfang des 16. Jh.s.
In Fankel sollte man der **Pfarrkirche Mariä Himmelfahrt** aus dem 13. Jh. einen Besuch abstatten. Von Bruttig ausgehend führt ein Weinwanderweg über sieben Stationen zur **Kreuzkapelle** hinauf. Sie wurde Anfang des 18. Jh.s als Neubau errichtet. Zur Vorgängerkapelle fanden 1580 mehrere Bittfahrten anlässlich einer Kometenerscheinung statt.

Tipp

Kaffeemühlen-Museum

Dicht an dicht stehen sie da im Café „Klapperburg“: 366 Kaffeemühlen aus drei Jahrhunderten. Eine winzige Kaffeemühle gehört zu den Lieblingsstücken der Cafébesitzerin Elke Götz: eine für die Spielzeugküche. Die umfangreiche Sammlung ist während der Cafézeiten anzusehen (März bis Nov. tgl. 10.00–18.30 Uhr).
Café „Klapperburg“, Bachstraße 33, 56814 Beilstein, Tel. 02673/14 17

Eine der zahlreichen Straußwirtschaften

VERANSTALTUNGEN Fankel: **Weinfest** am 2. Wochenende im Juli, Bruttig: **Kirmes** im Juli, **Winzerfest** am 2. Wochenende im August

INFORMATION
Tourist-Information Cochem, Endertplatz 1, 56812 Cochem, Tel. 02671/6 00 40, www.cochem.de

02 BEILSTEIN

Beilstein wird von der imposanten Burgruine Metternich überragt.

SEHENSWERT Urkundlich wurde diese erstmals 1120 als Lehensbesitz des Ritters Crafto von Beyhelstein erwähnt. Seit 1689 ist die Burg zerstört. Hübsch ist die Kirche des 1636 gegründeten, ehemaligen **Karmeliterklosters,** ein dreischiffiger Hallenbau mit einem rechteckigen, einschiffigen Mönchschor. Den malerischen **Marktplatz** von Beilstein mit seinen historischen Häusern ließ Johann von Braunshausen 1322 durch Abreißen alter Bauwerke anlegen. 1310 entstand die **Pfarrkirche St. Christophorus,** die zusammen mit dem 1727 erbauten Metternicher Hof und dem Zehnthaus ein malerisches Ensemble an der Westseite des Marktplatzes bildet.

MUSEUM Das 1577 fertiggestellte Zehnthaus am Marktplatz beherbergt heute das **Weinmuseum.** Der zu Ausstellungszwecken genutzte Raum diente im 19. Jh. als Kelterraum. Die auf einem Steinsockel errichtete Kelter von 1840 ist Hauptausstellungsstück des Museums. Ferner sind traditionelle Arbeitsgeräte des Winzers zu sehen. Geöffnet nach Vereinbarung mit Familie Lipmann, 56814 Beilstein, Tel. 02673/18 50.

AKTIVITÄT Der **Kulturweg „Erlebnis Moselkrampen“** (15 km) verbindet die Orte Ellenz-Poltersdorf, Ernst, Bruttig-Fankel und Beilstein. Infos auf www.erlebnis-moselkrampen.de.

UMGEBUNG Von der Burg aus führt ein Pfad am jüdischen Friedhof vorbei zur „Waldeslust“, einem **Aussichtspunkt** mit herrlichem Blick ins Moseltal. Von dort geht es über einen schattigen Waldweg nach Briedern.

INFORMATION
Tourist-Information Cochem, Tel. 02671/6 00 40, www.cochem.de *(siehe auch Bruttig-Fankel und S. 45)*

03 EDIGER-ELLER

In Ediger beginnt – oder endet – die beeindruckende Mäanderlandschaft des Cochemer Krampens, hier befindet sich der Einstieg in den Calmont Klettersteig.

SEHENSWERT Die Doppelgemeinde hat viele hübsche **Fachwerkbauten** und eine alte Stadtmauer. Die **Heilig-Kreuz-Kapelle** auf dem Eifelplateau hoch über dem Ortsteil Ediger wurde Ende des 15. Jh.s erbaut. Aus dieser Zeit stammt noch der heutige Chor. Ihre Berühmtheit verdankt die Kapelle dem eigenartigen Steinrelief „Christus in der Kelter“. Die **Wallfahrtskirche der Muttergottes zu Einsiedeln** in Ediger wurde in den Jahren 1666 und 1667 innerhalb der Stadtbefestigung als langgestreckter Bau mit vierseitigem Dachreiter errichtet. Sehenswert ist der barocke Steinaltar mit einer Kopie des Gnadenbildes von Einsiedeln. Die im 14. Jh. errichtete, bis zu 6 m hohe **Ringmauer** von Ediger umschloss den Ort etwa rechteckig. Außer an der Moselfront sind noch beträchtliche weitere Reste erhalten.

AKTIVITÄT Der **Kulturweg der Religionen** (5 km) führt mit Infotafeln zur Religion der Christen, Römer, Kelten und Franken durchs Moseltal.

VERANSTALTUNG **Weinfest** am 2. Wochenende im Aug. mit sogenanntem „Stohlgang“, bei dem jeder seinen Stuhl und etwas zu essen und zu trinken mitbringt. Vom Festplatz geht es mit Musik durch den Ort; bei einem Halt setzen sich alle und teilen das Mitgebrachte.

Überbordende Fülle im Ofen- und Puppenmuseum in Neef

UMGEBUNG In **Senheim** führt Andreas Schlagkamp WeinMuseum und WeinGut Schlagkamp-Desoye. Zeller Str. 11, 56820 Senheim, Tel. 02673/43 81, www.schlagkamp-desoye.de, Museum Ostern–Okt. tgl. 10.00–16.00 Uhr.

INFORMATION
Tourist-Information Mosel-Calmont-Region, Pelzerstraße 1, 56814 Ediger-Eller, Tel. 02675/13 44, www.ediger-eller.de

04 BREMM

Mit einem Gefälle von stellenweise über 65 Grad findet man am Bremmer Calmont die steilsten Weinhänge Europas. Der Name leitet sich von der lateinischen Bezeichnung „calidus mons“ ab, „heißer Berg“, denn sein Schiefergestein heizt sich in der Sonne sehr schnell auf.

SEHENSWERT Die **Laurentiuskirche,** historische Fachwerkhäuser und gemütliche Dorfplätze mit Brunnenanlagen. Das **Storchenhaus** ist eines der schönsten Barock-Fachwerkhäuser an der Mosel mit reichem Schnitzwerk am steilen Zwerchgiebel und, im Hinterhaus, mit einem Storch mit Schlüssel als Glücksbringer im Wappen. Zur Gemarkung Bremm gehört auch die **Klosterruine Stuben** auf der rechten Moselseite. Das adelige Augustinerinnen-Kloster Stuben wurde in der ersten Hälfte des 12. Jh.s von der Abtei Kloster Springiersbach gegründet. Nach dem Einmarsch französischer Revolutionstruppen 1794 wurde das Stift aufgehoben und später, unter preußischer Herrschaft, teilweise abgebrochen. Heute ist eine Ruine erhalten.

AKTIVITÄTEN Für den Besuch des **Klettersteigs** **TOPZIEL**, der von Bremm durch den Calmont führt, ist festes Schuhwerk Pflicht. **Gleitschirmfliegen** nach Einweisung durch den Geländehalter Rudolf Schmitz, E-Mail: ruschmi@vr-web.de.

VERANSTALTUNG **Wein- und Heimatfest** im August.

INFORMATION
Tourist-Information Bremm, Tel. 02675/370, oder Ortsbürgermeister Heinz Berg, Calmontstraße 89, 56814 Bremm, Tel. 02675/13 91, www.bremm-mosel.de

05 NEEF

Der staatlich anerkannte Fremdenverkehrsort Neef liegt, umgeben von Weinreben, am rechten Ufer der Mosel, gleich unterhalb der Staustufe St. Aldegund.

SEHENSWERT Die **Peterskapelle** auf dem Petersberg wurde wohl um 1190 erstmals erwähnt. Der heutige Bau stammt größtenteils aus dem 16. und 17. Jh., der flachschließende Chor teilweise noch aus dem 12. oder 13. Jh. Ein besonders lohnendes Ausflugsziel ist der **Aussichtspunkt „Eulenköpfchen“** auf dem Petersberg. Von der Aussichtskanzel aus genießt man einen grandiosen „dreifachen Moselblick“ über die Bremmer Moselschleife.

MUSEUM In der Neugartenstraße 6 befindet sich das **Ofen- und Puppenmuseum.** Es ist in einem hübsch restaurierten Fachwerkhäuschen untergebracht. Gezeigt werden rund 45 Gusseisenöfen aus drei Jahrhunderten, vom Kanonenofen bis zum Schrankofen, alte Haushaltsgeräte, ca. 400 antike Puppen, 120 Teddybären sowie Puppenstuben und Spielzeug. (Juni–Okt. tgl. 10.00–15.00 Uhr oder nach Vereinbarung, Tel. 06542/22154, Familie Bergen).

AKTIVITÄT Beliebtes Wanderziel ist der **Kulturweg Calmont – Kloster Stuben – Petersberg.**

VERANSTALTUNGEN **Wein- und Heimatfest** am 3. Wochenende im August; **Neefer Straßenweinfest** 4. Wochenende im September

INFORMATION
Heimat- und Verkehrsverein Neef e. V. 56858 Neef, Tel. und Fax 06542/2 15 75, www.verkehrsverein-neef.de

06 ZELL (MOSEL)

Die Weinstadt Zell mit ihren Stadtteilen Kaimt, Merl und Barl bietet ihren Gästen den Charme einer lebensfrohen Kleinstadt und den landschaftlichen Reiz ihrer Umgebung in einer der mildesten Klimazonen Deutschlands.

SEHENSWERT Erlebenswertes gibt es in Hülle und Fülle – vom **„Runden Turm“,** einem Teil der alten Stadtbefestigung und noch heute Wahrzeichen der Stadt, bis zum spätgotischen **Kurfürstlichen Schloss** mit Renaissanceanbau. Das spätgotische zweitürmige Stadtschloss gilt als einer der schönsten Rokoko-Profanbauten an der Mosel. Es wurde zwischen 1530 und 1536 von dem trierischen Kurfürsten Richard von Greiffenklau vor den Stadtmauern errichtet. Die **Marienburg** in Zell wird als einer der schönsten Punkte an der Mosel angesehen. Der Rittersitz befindet sich hoch oben auf dem Bergrücken einer von der Mosel umflossenen Halbinsel. Die Marienburg ist ganzjährig geöffnet (keine Innenbesichtigung, Tel. 06542/9 36 80).

MUSEUM Eines der schönsten **Wein- und Heimatmuseen** an der Mosel ist in Zell beheimatet. Es befindet sich im historischen Rathaus der Stadt, erbaut 1882. Zu sehen sind archäologische Funde aus der Kelten- und Römerzeit, Kellergeräte, eine Küferwerkstatt, eine Seilerei und Flachsverarbeitung (Rathaus/Balduinstr. 44, Tel. 06542/9 69 60, Mi. und Sa. 14.30 bis 17.00 Uhr).

AKTIVITÄT Für Familien mit Kindern bietet das **Erlebnisbad** viel (Tel. 06542/48 30). Der **Eisenbahnhistorische Kulturweg** („Kanonenbahn“) führt von Bullay nach Reil (Sa. 14.00 Uhr).

UMGEBUNG Die über 1000-jährige, geschichtsträchtige **Burg Arras** oberhalb des malerischen Moselortes **Alf** wurde zwar 1689 in Teilen zerstört, konnte aber von 1907 bis 1910 wieder vollständig aufgebaut werden. Besonders sehenswert ist das Heinrich-Lübke-Gedenkzimmer mit dem Wandteppich zur deutsch-französischen Freundschaft – ein Geschenk des französischen Staatspräsidenten General de Gaulle. (März–Dez. tgl. 10.00–18.00 Uhr, Tel. 06542/2 22 75)

INFORMATION
Tourist-Information Zeller Land, Rathaus, 56856 Zell, Tel. 06542/9 62 20 oder 1 94 33, www.zellerland.de

07 TRABEN-TRARBACH

In der idyllischen Doppelstadt am Bogen einer großen Moselschleife wuselt selbst an Regentagen das touristische Leben.

SEHENSWERT In Traben stand bereits um das Jahr 1000 ein dem Apostel Petrus geweihtes Gotteshaus. Aus ihm entwickelte sich nach und nach die heutige **Evangelische Pfarrkirche Traben.** Den Innenraum der Kirche erreicht man an der Südseite des Turms über eine hölzerne Vorhalle. Der mittlere Schlussstein zeigt ein Relief mit dem Schweißtuch der Veronika. In der **Evangelischen Pfarrkirche Trarbach** ist gar ein Kirchenschatz mit alten und wertvollen Kelchen, Patenen und einer gravierten silbernen Hostiendose zu bewundern. Einzigartige **Jugendstilbauten** sind die Huesgen-Villa, das Schlösschen Sonora sowie das heutige Hotel Bellevue und andere Häuser.
Über der Stadt ragen die Ruinen der viel umkämpften **Grevenburg** hervor. Sie war ab 1350 Regierungssitz der hinteren Grafschaft Sponheim, wurde in der Folgezeit sechsmal belagert und 1795 von den Franzosen gesprengt. Von hier aus hat man einen schönen Blick, in der Burgschenke kann man sich stärken. Auf dem Halbinselberg gegenüber stand einst die berühmte **Festung Mont Royal,** 1687–1692 unter Vauban für Ludwig XIV. zur Beherrschung des Rheinlandes erbaut.

MUSEEN Es gibt eine ganze **Museums-Zeile Trarbach:** In den Schauräumen des **Mittelmosel-Museums** werden neben wertvollem Mobiliar und Kunstgegenständen aus drei Jahrhunderten auch archäologische Fundstücke ausgestellt. In dem Museum am Moselufer wird die Stadtgeschichte von Traben-Trarbach lebendig. Pläne und Funde von den Ausgrabungen der ehemaligen Festung Mont-Royal ergänzen die Ausstellung (Haus Böcking, Casinostr. 2, Tel. 06541/ 94 80, Ostern–1. Nov. Di.–So. 10.00–17.00 Uhr).
Das **Haus der Ikonen** bewahrt das Lebenswerk des Ikonographen Alexej Saweljew (1996 in Zell/Traben-Trarbach verstorben), und präsentiert dessen „Moderne Ikonen". Es will einführen in Technik, Wesen und Bedeutung der Ikonen und ist gleichzeitig doch auch ein Ort der Einkehr, der Begegnung und Ökumene (Mittelstraße 8, Tel. 06541/81 24 08. Ostern–1. Nov. Di.–So. 10.00 bis 17.00, ansonsten Sa., So., Fei. 10.00–17.00 Uhr).
Eindrucksvoll ist der 2004 restaurierte **Historische Stadtturm** – heute ein Aussichtsturm, verspricht die Plattform doch einen wunderbaren Blick. Spielzeiten des Glockenspiels aus 24 Bronzeglocken am Stadtturm sind 12.00, 15.00, 17.00 und 18.00 Uhr.

AKTIVITÄTEN Die heilende und wohltuende Wirkung des aus über 400 m Tiefe des Schiefers sprudelnden Quellwassers findet man in der Thermalheilquelle **„Mosel-Therme"** nahe des Kurmittelhauses im Stadtteil Bad Wildstein. Sie hat eine Sauna- und Wellnesslandschaft. Wildsteiner Weg, 56841 Traben-Trarbach, Tel. 06541/8 30 30, Mo.–Fr. 9.00–21.00, Sa., So., Feiertag bis 18.00 Uhr. Die Stadt bietet zudem vielfältige **Sport- und Freizeitmöglichkeiten,** u. a. Wassersport, Wandern, Angeln, Radfahren, Minigolfen und in der Nähe die Möglichkeit zum Segelfliegen, Paragleiten, Ballonfahren, Reiten, Golfen sowie einen Kletterpark (Mosel Adventure Forest Mont Royal).

VERANSTALTUNGEN **Moselwein-Festival** „Europa à la carte" am 2. Wochenende im Juli, **Zunftweinfest** (Jakobstag) der Stadtschröter am letzten Wochenende im Juli; sie hatten einst für den Transport der Weinfässer zu sorgen.

UMGEBUNG **Enkirch,** wenige Kilometer nördl., an der Mosel, ist die „Schatzkammer des rheinischen Fachwerkbaus" (www.enkirch.de).

INFORMATION
Tourist-Information Traben-Trarbach, Am Bahnhof 5, 56841 Traben-Trarbach, Tel. 06541/8 39 80, www.traben-trarbach.de

Tipp

Lohnender Ausflug

Das Heimatmuseum in Mittelstrimmig (nordöstl. von Zell) gibt einen tollen Überblick über Leben und Arbeit der Hunsrücker von der Römerzeit bis zur Gegenwart. Beherrscht von einer noch intakten Mühlenanlage werden hier zahlreiche Funde der römischen Besiedlung präsentiert.
Museumstraße 1, 56858 Mittelstrimmig, Tel. 06545/68 28. Mai–Sept. So. 14.30 bis 16.30 Uhr oder nach Vereinb. (Gruppen)

Nicht versäumen!

KULTUR

Idylle im Winzerstädtchen
Der schönen Fachwerkarchitektur und nicht zuletzt der Stadtmauer wegen wird Ediger-Eller auch als das „Rothenburg der Mosel" bezeichnet. Nach dem Rundgang bietet sich eine Fahrt mit einem Ausflugsschiff von hier aus an.

Siehe Nr. 03

AKTIV

Für Schwindelfreie
Von Bremm und Eller aus leiten Infotafeln auf den Calmont-Klettersteig, der wunderbare Blicke über die Mosellandschaft verheißt – ist man erst mal, nach schweißtreibendem Aufstieg, oben angekommen.

TOPZIEL Siehe Nr. 04

KULTUR

Ein Fixpunkt des Zeller Landes
Ein dicker Rundturm, Fachwerkhäuser aus dem 16. Jh. und ein beeindruckendes Museum bestimmen das Bild von Zell, vor allem aber auch die „Zeller Schwarze Katz", ein Brunnen zu Ehren der berühmten Großweinlage.

Siehe Nr. 06

NATUR

Schöne Aussichten
Schon wieder geht's hinauf, nun auf die Marienburg bei Zell. Schlicht als einzigartig ist der Blick von den Höhen der Halbinsel zu bezeichnen, der sich über Alf, Neef, Bullay, Pünderich usw. erstreckt.

Siehe Nr. 06

KULTUR

Seit' an Seit'
Vielfältig, wie Kunst und Kultur nun mal sind, präsentiert sich auch die Museums-Zeile in Traben-Trarbach: Stadtgeschichte und mit ihr verbundene Ikonenkunst geben sich hier ein Stelldichein.

Siehe Nr. 07

Rustikal an allen Ecken

Was macht eigentlich den Reiz der Moseldörfer aus? Keine Frage: wuchtige Burgen, barocke Schlösser oder prächtige Kirchen – aber vor allem auch die malerischen Fachwerk-Ensembles. Oft stehen die Winzerhäuser oder Höfe so windschief auf der Erde wie das Spitzhäuschen in Bernkastel-Kues – doch konnten sie dank ihrer speziellen Bauweise die Jahrhunderte scheinbar mühelos überdauern. Der ganze romantische, rustikale Charme des Mittelalters vereint sich in diesen Bauwerken. Wenn dann noch, wie etwa in Kröv, ein großes Trachtenfest gefeiert wird, dann ist das Erlebnis perfekt.

Frohsinn ist Trumpf beim alljährlichen Trachtentreffen in Kröv mit Teilnehmern aus aller Welt.

01

Schwarzer
Johannisbeer
Likör
100ml 18% € 2,00
Vanillecrem
auf
Kirschlikör
18% 100ml € 2,00

02

03

04

Der Marktplatz in Bernkastel-Kues zählt zu den schönsten seiner Art in Deutschland.

Der Brite war begeistert. In Windeseile packte er seine Staffelei aus, einen hölzernen Farbkasten, eine Palette, einige Tücher zum Wischen. Immer wieder blickte er aufs gegenüberliegende Ufer. Feuchtete das Papier an. Und malte, was das Zeug hielt, an diesem herrlichen Sommermorgen im Jahre 1839: eine Burg, leicht umhüllt von hellen Dunstschwaden, den spiegelnden Fluss, auf dem träge ein Kahn dahindümpelte, den an den Hang geschmiegten Ort mit seinem spitz aufragenden Kirchturm, ein Paar, das im grünen Vordergrund vorbeiflanierte. Trotz seiner 64 Jahre hatte er das Aquarell abends fertiggestellt. Der Brite war kein anderer als J. M. William Turner – schon damals ein berühmter Maler. Turners zweite Moselreise – die erste machte er 1824 – inspirierte den romantischen Künstler zu seinen besten Aquarellen und Gouachen. Und der Ort, den er malte? Das heutige Bernkastel-Kues, idyllisch gelegen zu Füßen der ehemaligen kurfürstlichen Burg Landshut.

Fachwerk-Träume

Was wohl den Maler so begeistert hatte? Vielleicht der wunderschöne Marktplatz? Immerhin gibt es hier eines der prächtigsten Fachwerk-Ensembles an der gesamten Mosel zu sehen. Zwischen dem windschiefen, zerbrechlich wirkenden Spitzhäuschen, das seit 1416 auf einem schmalen Sockel zu ruhen scheint, dem erhabenen Renaissance-Rathaus aus dem Jahre 1608 und dem bezaubernden Michaelsbrunnen werden das 16. und 17. Jahrhundert lebendig. Wenn abends ein warmer Sommerwind den Duft von gegrillten Steaks und Pizza, das Lachen und Schwatzen der vielen Besucher, Musik oder dann und wann den Klang der Glocke von der nahen Stadtkirche hoch in Richtung Weinberge trägt – dann wird erst die ganze Gemütlichkeit dieses Marktplatzes deutlich, der zu den schönsten seiner Art in Deutschland zählt.

Angesichts der kunstvoll ineinander gesteckten Streben- und Ständerbalken kann man sich kaum mehr vorstellen, dass die Geschichte des Fachwerkbaus einst mit einfachen Pfostenbauten in der Eisenzeit begann. Ein Juwel der bäuerlich-bürgerlichen Bau- und Wohnkultur des späten Mittelalters ist etwa das Spitzhäuschen – und gleichzeitig ein Paradebeispiel für moselländische Fachwerkarchitektur. Typisch ist der mit Schiefersteinen ausgebaute Weinkeller. Darüber befinden sich, senkrecht oder in die Ecken gestellt, die tragenden Eichenbalken, die beiden vorragenden Obergeschosse und ein hoher Dachspeicher, in dem Winterfutter, Vorräte oder auch Haustiere untergebracht waren.

01 *Idylle am Spitzhaus in Bernkastel-Kues*
02 *Im Kloster Machern in Bernkastel-Wehlen*
03 *Die Bibliothek des Nikolaus von Kues*
04 *Die Doctor Weinstuben in Bernkastel-Kues*

01

SPECIAL Nikolaus von Kues

Kues – ein Grenzgänger

Der weltberühmte Philosoph, Naturwissenschaftler und Kirchenfürst Nikolaus von Kues markierte in seinen Schriften die Grenze zwischen mittelalterlicher Scholastik und neuzeitlichem Humanismus. Er war der Erste, der Gedanken in Worte fasste, die heute als selbstverständlich gelten.

Berühmter Sohn der Stadt

So behauptete Kues, dass Gott nicht erkennbar sei, da dessen Unendlichkeit für den menschlichen Verstand nicht fassbar ist. Als Bindeglied zwischen dem nicht vorstellbaren Gott und den Menschen dient Jesus Christus. Den Menschen sowie jedes andere Ding fasste er als Mikrokosmos auf – sozusagen als Abbild des Kosmos. Nikolaus von Kues veranschaulichte und analysierte sämtliche Problemfelder der Wissenschaften in mathematischen Ausdrucksweisen – und gilt daher auch als Begründer des modernen Rationalismus. Er reformierte den Kalender, der später dann auch von Papst Gregor XIII. übernommen wurde – und schuf damit unsere heutige Zeitrechnung.

Würde nicht eine große Fahne am Haus des Nikolaus von Kues alias Cusanus wehen – man würde das unscheinbare Domizil des großen Philosophen kaum finden. In den geduckten, von Deckenbalken gestützten Räumen wurde am 26. März 1401 jener Mann geboren. Er stiftete Mitte des 15. Jahrhunderts seiner Heimatstadt das St.-Nikolaus-Hospital, das sich am linken Moselufer befindet und als Altenheim für 33 bedürftige Männer dienen sollte – wobei Cusanus diese Zahl in Anlehnung an die Lebensjahre Jesu wählte.

Familienwappen des Nikolaus von Kues

Braunebergs Schiefer Turm

Übrigens: Es gibt auch an der Mosel einen Schiefen Turm. Wer's nicht glaubt, der suche im idyllischen Winzerort Brauneberg das Wahrzeichen auf – die Kirche St. Remigius mit ihrem schiefen Zwiebelturm. Hätte er die Ausmaße des Schiefen Turms von Pisa, betrüge seine Schräglage atemberaubende 9,70 m – gute 5 m mehr als jene des italienischen Turms. St. Remigius ist übrigens auch die einzige Simultankirche im Moselraum – das heißt, das zwischen 1775 und 1777 erbaute Gotteshaus wird von beiden Konfessionen benutzt, seit 1957 zu zwei Dritteln von der katholischen und einem Drittel von der evangelischen Pfarrgemeinde. Der Turm ist weiterhin simultan. Am Fuße der Weinlage „Brauneberger Juffer" befindet sich die römische Kelteranlage Brauneberg aus dem 3. Jahrhundert, die 1990 bei der Flurbereinigung ausgegraben wurde. Sie ist eine der ältesten Anlagen nördlich der Alpen.

Wo der Barthel den Most holt

Noch heute kennt man eine der volkstümlichsten Gestalten Zeltingens: den Nachtwächter Harry. Um 1790 hatte Harry, bis dato Soldat in Diensten der Franzosen, im Ort eine hübsche Witwe kennengelernt. Bald war der Bund fürs Leben geschlossen,

01 *Am Dreigiebelhaus in Kröv*
02 *Malerisches Bernkastel-Kues*

01

und der wortgewandte Mann wurde Gemeindediener und Nachtwächter. Bis in sein hohes Alter versah Harry gewissenhaft seinen Dienst, was ein Ereignis belegen mag, das zur Zeit der Weinlese geschah: Trotz der vorgerückten Stunde herrschte noch reges Treiben, als Harry seine erste Runde machte. Dabei fielen ihm zwei junge Burschen auf, die zur Mosel huschten, ihre Bottiche mit Wasser füllten und wieder verstohlen zurückschlichen. Er folgte den beiden, die in ein Kelterhaus verschwanden. Schnell war die Lage klar: Die Burschen hatten ihrem geizigen Vater einige Bottiche vom eigenen Most verkauft, um Geld für die Martinskirmes zu bekommen. Moselwasser sollte den Verlust wettmachen. Ein mitgeschöpfter Fisch verstopfte jedoch den Trichter – und so konnte Harry den Vater auf das Treiben seiner Söhne aufmerksam machen. Das folgende Donnerwetter war ausgemachte Sache – als der jüngste Sohn, Barthelmus mit Namen, drankam, rief der Alte noch: „Warte, ich werde dir schon zeigen, wo Barthel den Most geholt hat."

Eine prächtige Kulisse für die „Wintricher Passionsspiele"

Ein Rendezvous der Fachwerkkunst

Bei Wintrich weitet sich das Moseltal zu einer Landschaft, die bestimmt ist von flacheren Uferhängen und ehemaligen Flussschleifen. Noch einmal kann man ein Rendezvous mit einigen der schönsten Fachwerkgassen der gesamten Region erleben – und zwar in Wintrich selbst. Eindrucksvolle Gassen und Winkel und alte Weinhöfe geben dem Ort sein moseltypisches Gepräge – welch eine prächtige Kulisse für die „Wintricher Passionsspiele", die hier alle fünf Jahre rund 150 Laiendarsteller die Leidensgeschichte Christi nacherzählen lassen. Auch im Jahr 2012 werden wieder viele Zuschauer die Wintricher Passionsspiele sehen.

01 *Beim Kröver Trachtentreffen*
02 *Hier müssen alle durch: Schleuse Zeltingen*
03 *Weinlage Ürziger Sonnenuhr*

MANDERSCHEID
KYLLBURG
WITTLICH
Landscheid
Binsfeld
Dudeldorf
Speicher
Salmtal
Hetzerath
Föhren
SCHWEICH
Kordel
TRIER
Kenn
Mehring
Fell
Riol
Waldrach
Kasel
Zemmer
Bernkastel-Kues
TRABEN-TRARBACH
Kröv
Ürzig
Rachtig
Zeltingen-
Piesport
Neumagen-
Dhron
Trittenheim
Leiwen
Brauneberg
Wintrich
Monzelfeld
Morbach
Thalfang
Reinsfeld
HERMESKEIL
Nonnweiler
Nohfelden
BIRKENFELD
Hoppstädten-
ZELL
Bullay
Alf
Bad Bertrich
Lutzerath
Kondelwald
01
02
03
04
05
06
07
52
40
74
100
Maßstab 1:200.000
0
3 km

Große Weine, große Namen

Schöne Fachwerkarchitektur und malerische Ortskerne zeichnen viele Gemeinden an der Mittelmosel aus. Reizvoll ist die Moselpromenade in Kröv, ein Anziehungspunkt die Sonnenuhr in Ürzig. Das Angebot an und in den Weingütern ist üppig. Bernkastel-Kues steht im Zeichen des Nikolaus von Kues, ist aber allein des Marktplatzes wegen einen Besuch wert. Und alle fünf Jahre strömen Besucher zu den Passionsspielen nach Wintrich.

01 KRÖV

Vor allem der Name einer Weinlage hat die Gemeinde in ganz Deutschland berühmt gemacht: Kröver Nacktarsch.

GESCHICHTE Die Römer nannten Kröv Croviacum. In fränkischer Zeit wurde das sogenannte „Cröver Reich", ein reichsunmittelbares Gebilde, zu dem mehrere umliegende Dörfer gehörten, mit Kröv als Mittelpunkt gegründet. An der Mosel entlang erstreckte es sich von Ürzig bis Ediger-Eller und reichte weit in Eifel und Hunsrück hinein. Verwaltet wurde es von einem Vogt. 752 vergab König Pippin die Kirche zu Kröv an das Kloster Echternach. 1274 kam Kröv als Pfand an die Grafen von Sponheim, während die Vogteirechte 1355 von Kurtrier erworben wurden. In der Folgezeit kam es zu zahlreichen Zwistigkeiten zwischen beiden Parteien.

SEHENSWERT Die katholische **Pfarrkirche St. Remigius** wurde 1725 in barockem Stil als Saalbau mit vier Kreuzgewölben und eingezogenem Chor erbaut. Die Grafen von Kesselstatt errichteten 1662 hoch über Kröv in ihren Weinbergen ihre **Grabkapelle,** einen flachgedeckten Rechteckbau mit gotisierenden Maßwerkfenstern. Bekrönt wird die Kapelle von einem Dachreiter mit Laternenhaube. Man findet im Ort zahlreiche historische **Fachwerkhäuser,** wie etwa das hübsche „Dreigiebelhaus".

AKTIVITÄTEN Für Familien bietet sich ein beheiztes **Freibad** mit tollen Ausblicken ins Moseltal an, mit Wildwasserrutschbahn (76 m lang), Kleingolf, Tischtennis, Freiluftschach und einem großen Kinderspielbereich. Die Anlage befindet sich an der B 53 an einem Hang (je nach Witterung Mo.–Fr. 9.30–20.00, Sa. und So. 9.30–19.00 Uhr, Tel. 06541/96 53). Rund um Kröv gibt es ein gut ausgebautes **Wander- und Radwegenetz.**

VERANSTALTUNGEN Highlights sind u. a. das **Kulinarische Frühlingswochenende** (Christi Himmelfahrt), der **Internationale Mitternachtslauf** (Pfingstsamstag), das **Internationale Trachtentreffen** (1. Wochenende im Juli), die **St. Remigius Weinkirmes** (1. Wochenende im Oktober). Jedes Wochenende Ende Aug. bis Ende Okt. **Weinfest** in der Kröver Weinbrunnenhalle. Alle zwei Jahre findet Mitte August ein **Oldtimertreffen** für Traktoren und Bulldogs statt - so auch 2008.

INFORMATION
Tourist-Information Kröv, Moselweinstr. 35, 54536 Kröv, Tel. 06541/94 86, www.kroev-touristik.de
Infos auch bei: Tourist-Information Mittelmosel-Kondelwald, Rathaus, 54536 Kröv, Tel. 06541/70 61 11, www.mittelmosel-kondelwald.de

02 ÜRZIG

Das Ortsbild prägen romantische Gassen, schöne Patrizierhäuser und Weingüter.

SEHENSWERT Vielen Fernsehzuschauern ist Ürzig bekannt aus der Serie „Moselbrück", die hier gedreht wurde. Ein Gebäude, in dem die Schauspieler agierten, ist der **Mönchhof,** der früher als Weingut der Abtei Himmerod gehörte und eines der ältesten Weingüter der Mosel ist. Der wunderschöne Bau am Moselufer, entstanden im 12. Jh., fällt bei der Einfahrt in den Ort sofort ins Auge. Das heutige Gutsgebäude wurde 1509 fertigestellt. Von den ehemals drei Burgen auf der Ürziger Gemarkung ist nur noch die Ruine des Wachtturms der Burg zur Leyen erhalten. Auf den Resten des Wachtturms befindet sich eine **Sonnenuhr,** vermutlich aus dem 11. Jh. Sie gilt als die älteste Sonnenuhr Europas. Im **Ürziger Gewürzgarten** wachsen und blühen 8500 Stauden in über 150 Sorten, Heilpflanzen und Rosen. Infos bei der Touristinformation.

INFORMATION
Touristinformation, Rathausplatz, 54539 Ürzig, Tel. 06532/26 20, www.uerzig-mosel.de

03 ZELTINGEN-RACHTIG

Hübsche Fachwerkhäuser im Zentrum und herrschaftliche Bauten des 18. bis 20. Jh.s an der Moselfront prägen das Ortsbild der 2500-Einwohner-Gemeinde.

Tipp

Trachtentreffen

Seit rund 50 Jahren treffen sich jedes Jahr am 1. Juliwochenende Musik- und Folkloregruppen in Kröv, um gemeinsam ein großes Wein- und Folklorefest zu feiern. Auch nach einem halben Jahrhundert hat dieses Fest nichts von seiner Faszination und seinem Flair eingebüßt. Die Teilnehmer zu dem Internationalen Trachtentreffen kommen aus allen Ländern der Erde – sogar aus der Mongolei. Karten gibt es bei der Tourist-Information in der Moselweinstraße 35
Infos auch unter www.trachtentreffen.de

SEHENSWERT Zu beachten sind im Stadtkern der mittelalterliche **Marktplatz** und der ehemalige kurkölnische Amtssitz, das heutige **Pfarrhaus,** 1658 erbaut. Der älteste Bestandteil der Pfarrkirche **St. Stephanus** ist die Sakristei. Sie wurde 1640 erbaut und weist mit ihrem spitzbogigen Fenster mit Kleeblattbogenblende und Rosetten noch spätgotische Schmuckelemente auf. Blickfang der **Marienkirche** ist der aus dem 18. Jh. erhaltene viergeschossige Westturm. Sehenswert sind außerdem die Weingutshöfe wie der **Deutschherrenhof Rachtig**. An der Mosel in Zeltingen befindet sich eine Staustufe mit Schleusenanlage und Kraftwerk. Hinter dem Ort prägt die Weinlage „Himmelreich" das Bild.

VERANSTALTUNG Das halbe Dorf steht auf der Bühne, wenn die **Moseloperette** „Zeltinger Himmelreich" im Sommer auf dem Marktplatz aufgeführt wird (alle zwei Jahre, wieder 2009; Informationen und Buchung bei der Touristinformation).

INFORMATION
Touristinformation, Uferallee 13, 54492 Zeltingen-Rachtig, Tel. 06532/24 04, www.Zeltingen-Rachtig.de

Tipp

Vom Weingut zum Hotel

Es ruht wie ein Schlösschen an der Mosel – das Weinromantikhotel Richtershof in Mülheim, dem südlichsten Gemeindeteil von Bernkastel-Kues. Innen bietet sich dem Gast eine tolle Mischung aus Barock, Art déco und Gutshof-Romantik. Fürs Wohlbefinden sorgen auch Beauty-Atelier und Römisches Spa. Weinromantikhotel Richtershof, „Gastgeber des Jahres 2005", Hauptstraße 81–83, 54486 Mülheim/Mosel, Tel. 06534/94 80, www.weinromantikhotel.de

04 BERNKASTEL-KUES

Der romantische Weinort mit seinen mehr als 7000 Einwohnern ist einer der beliebtesten Ausflugsziele an der Mosel.

GESCHICHTE Funde deuten auf eine Besiedlung des Ortes, die bis ins 4. Jtsd. v. Chr. zurückreicht. Bernkastel-Kues ist damit die älteste bekannte Siedlung an der Mosel überhaupt. Erstmals erwähnt wurde der Ort zu Beginn des 8. Jh.s unter der Bezeichnung „Princastellum", aus der sich eindeutig der spätere Name Bernkastel ableitet. Unter der Herrschaft der Erzbischöfe und Kurfürsten von Trier erlebte Bernkastel im 16. und 17. Jh. eine Blütezeit. Mitverantwortlich hierfür war der an Bedeutung zunehmende Erzbergbau. Unter französischer Herrschaft Ende des 18./Anfang des 19. Jh.s wurde Bernkastel Sitz der Kantonsverwaltung und 1816 preußische Kreisstadt. 1905 wurde das Dorf Kues zu Bernkastel eingemeindet.

SEHENSWERT Am **Marktplatz** bestechen Rathaus (1608), der Michaelsbrunnen (1606), das Spitzhäuschen (1417) und andere Fachwerkbauten aus dem 16./17. Jh. und die Pfarrkirche St. Michael am Gestade, deren mit acht Seitentürmchen flankierter Turm früher Wachtturm der befestigten Stadt war (um 1300). Von den acht Stadttoren und Pforten besteht noch das Graacher Tor (Heimatmuseum). Ein Hauch von zeitloser Architektur und harmonischer Schönheit umweht den Besucher im mittelalterlichen Kreuzgang und in der gotischen Kapelle des **St.-Nikolaus-Hospitals.** In der Bibliothek wird die geistige Ernte des großen Universalgelehrten Nikolaus Cusanus gesammelt, sie ist angefüllt mit einer unschätzbaren Handschriftensammlung aus der Zeit des 9.–15. Jahrhunderts und gehört zu den kostbarsten der Welt. (Info: www.cusanus.de; Führungen: April–Okt. Di. 10.30, Fr. 15.00 Uhr).

Das 1998 eröffnete **Weinkulturelle Zentrum** **TOPZIEL** bringt auf hochmoderne Weise die Aspekte Landschaft, Wein und Kultur zusammen. Kino und Vinothek sind Bestandteile des Zentrums (Cusanusstraße 2, Tel. 06531/41 41, www.moselweinmuseum.de, Mitte April–Okt. 10.00 bis 18.00, Nov.–Mitte April 14.00–17.00 Uhr).

MUSEEN Zu sehen ist im **Cusanus-Geburtshaus** **TOPZIEL** die ständige Ausstellung „Nikolaus von Kues, 1401–1464: Leben und Werk im Bild", eine Dokumentation von Helmut Gestrich in Zusammenarbeit mit der Landesbildstelle Rheinland-Pfalz und der Cusanus-Gesellschaft Bernkastel-Kues. Die Ausstellung unterrichtet über die Herkunft des Nikolaus von Kues, sein Studium und seine Bildung, sein öffentliches Wirken, über sein Hospital als sichtbares und seine Schriften als geistiges Erbe (Nikolausufer 49, Ortsteil Kues, Mitte April–Okt. Di.–Sa. 10.00–12.00 und 14.30 bis 17.00, So. und Feiertag 10.00–12.00 Uhr und nach Vereinb.; Nov.–Mitte April Di.–Sa. 14.30 bis 17.00, So. und Feiertag 10.00–12.00 Uhr).
Heimatmuseum im Graacher Tor: Vier Räume zeigen kulturhistorische Exponate, u. a. alte Ansichten, Karten, Fahnen, Siegel, Wappen, Holzplastiken, Ausstattungsgegenstände des ehemaligen Kapuzinerklosters, die Darstellung einer Bernkasteler Schiffer- und Kaufmannsfamilie, die Biografie des im Ort geborenen Kirchenmusikers und Komponisten Hermann Schroeder, die Originalfahne der Bernkasteler Bürgerwehr aus dem Revolutionsjahr 1848 und die mittelalterlichen Strafen des ehemaligen Hochgerichts Bernkastel. (Ostern–Okt. Do.–So. 15.00–17.00, Do. „Museums-Abend" 19.00–21.00 Uhr).
Multimediales Moselwein-Museum Seit 2007 ist das Moselweinmuseum Teil der Weinerlebniswelt. An Terminals mit Touchscreen-Displays können sich die Besucher über Weingüter, weintouristische Attraktionen, die Entwicklungen der Rebkultur und die Geschichte des Weinbaus in der Weinkulturlandschaft Mosel informieren (siehe Weinkulturelles Zentrum).
Museum Kloster Machern: Ein historisches Puppen-, Spielzeug- und Ikonenmuseum lädt in Bernkastel-Wehlen zum Besuch (An der Zeltinger Brücke, www.klostermachern.de, April–Okt. tgl. 10.00–18.00, Nov.–März tgl. 10.00–17.00, Sa., So. bis 18.00 Uhr)

Hier wurde Nikolaus von Kues geboren

VERANSTALTUNG Alle zwei Jahre **Mittelalter-Spectacel** (Infos bei der Tourist-Information).

INFORMATION
Tourist-Information Bernkastel-Kues, Gestade 6, 54470 Bernkastel-Kues, Tel. 06531/40 23, www.bernkastel.de

05 LIESER

Vom Ortsteil Kues aus erreicht man rasch die Nachbargemeinde Lieser.

SEHENSWERT **Schloss Lieser** wurde in den Jahren 1884 bis 1887 für den Weingutsbesitzer Eduard Puricelli im Stil der deutschen Renaissance erbaut. Nach dessen Tod trat sein Schwiegersohn, Puricelli Clemens, Freiherr von Schorlemer, sein Erbe an. Der Architekt Heinrich Theodor Schmidt aus Frankfurt/Main erweiterte die prächtige Schlossanlage im Jahre 1895. Sie diente der Familie von Schorlemer als Wohnsitz. Puricelli Clemens, Freiherr von Schorlemer, geboren am 29. September 1856, gestorben am 6. Juli 1922, hatte in der Zeit von 1905 bis 1910 das Amt des Oberpräsidenten der Rheinprovinz inne. Anschließend, bis 1917, zeichnete er für den Posten des Staatsministers für Landwirtschaft, Domänen und Forsten verantwortlich.

INFORMATION
Verkehrsbüro Lieser, Am Markt 43, 54470 Lieser, Tel. 06531/87 46, www.lieser-mosel.de

06 BRAUNEBERG

Der idyllische Winzerort Brauneberg mit der bei Kennern bekannten Weinlage „Brauneberger Juffer" liegt in der Verbandsgemeinde Bernkastel-Kues.

SEHENSWERT Das Wahrzeichen von Brauneberg ist die **St. Remigiuskirche** mit ihrem schiefen Zwiebelturm, zwischen 1775 und 1777

So lässt sich das Moselpanorama am besten genießen: auf dem Sommerdeck eines Moseldampfers

nach dem Plan des kurpfälzischen Hofbaumeisters Franz Wilhelm Rabaliatti errichtet. Im früheren Ortsteil Filzen steht das **ehemalige Franziskanerinnenkloster** der „Grauen Schwestern", gegründet 1455. Zu dem Gebäudekomplex gehört der aus dem 11. Jh. stammende Andreasturm. Am Fuße der Weinlage „Brauneberger Juffer" befindet sich die **römische Kelteranlage Brauneberg** aus dem 3. Jh., die 1990 bei der Flurbereinigung ausgegraben wurde. Sie ist seit Sommer 1995 der Öffentlichkeit zugänglich. Attraktiv sind der Rebsortenpfad und Weinkundeweg.

AKTIVITÄTEN Das **Grafschafter Wanderwegenetz** verbindet sechs Gemeinden (www.grafschaftveldenz.de).

EINKAUFEN An der Strecke zwischen Brauneberg und Bruttig-Fankel liegen einige Weingüter, die sich für den **Riesling-Kauf** empfehlen: Reinhold Franzen, Gartenstr. 14, Bremm, Tel. 02675/412; Albert Kallfelz, Hauptstr. 60–62, Zell-Merl, Tel. 06542/9 38 80; Weingut Richard Böcking, Schottstr. 12–14, Traben-Trarbach, Tel. 06541/93 85; Karp-Schreiber, Moselweinstr. 186, Brauneberg, Tel. 06534/236. Eine telefonische Voranmeldung jeweils ist anzuraten.

Tipp

Spitzenriesling und mehr

Das Hotel und Weingut Brauneberger Hof wartet mit einer herzlichen „Wohlfühlatmosphäre" im Haus auf, mit regionalen Spezialitäten und mit besonderen Aktionen rund um den Wein.
Moselweinstraße 136,
54472 Brauneberg, Tel. 06534/9 39 80,
www.braunebergerhof.de

UMGEBUNG **Schloss Veldenz** ist über eine Straße zu erreichen, die zwischen Lieser und Brauneberg in das Seitental der Mosel führt.

INFORMATION
Touristikbüro, Moselweinstr. 101,
54472 Brauneberg, Tel. 06534/93 33 33,
www.brauneberg.de

07 WINTRICH

Der charmante Wein- und Ferienort wird von romantischen Gassen und Winkeln, alten Weinhöfen und Fachwerkhäusern geprägt.

SEHENSWERT Das Wahrzeichen Wintrichs ist der **„Große Herrgott"**. Das 8,50 m hohe Kreuz thront hoch über dem Ort auf dem Geyerskopf in dem gleichnamigen Weinberg. Aufgestellt wurde es 1968. In der Hauptstraße steht ein Renaissance-Steinkreuz von 1661. Auf den mit Weinlaub geschmückten Säulen des Hochaltars der **Pfarrkirche St. Stephanus** stehen Figuren der Heiligen Stephanus und Aloysius. Von den zahlreichen **Höfen** verschiedener Klöster sind noch der Hof der Abtei St. Martin aus Trier (Hauptstraße 4) von 1765, ein zweigeschossiger Massivbau, und der Hof Geyersley am Fuße des Ohligberges, ein klassizistischer Bau aus der ersten Hälfte des 19. Jh.s, erhalten.

VERANSTALTUNGEN Die ersten **Passionsspiele** fanden im Jahre 1902 statt. Anlass war die Renovierungsbedürftigkeit der Pfarrkirche. Mit der Vorstellung wollte man einen Teil der Sanierungskosten finanzieren.

INFORMATION
Tourist-Information, Bergstraße 3, 54487 Wintrich,
Tel. 06534/86 28, www.wintrich-mosel.de

Nicht versäumen!

GENIESSEN

Eine Berühmtheit
Der „Kröver Nacktarsch" ist wohl eine der bekanntesten Weinlagen Deutschlands. So manche Legende versucht den Namen zu erklären, der sich doch sicher von dem Keltischen „nacktas" für „felsigen Hang" ableitet.

Siehe Nr. 01

ERLEBEN

Schlaue Winzer
Der Wein spielt die Hauptrolle an der Mosel und auch in der Operette, die alle zwei Jahre in Zeltingen-Rachtig aufgeführt wird. Im „Zeltinger Himmelreich" geht es mit viel Musik um Wein, Winzer, Kurfürsten und natürlich um die Liebe.

Siehe Nr. 03

KULTUR

Malerisches Zentrum
Reizvoll ist der Marktplatz von Bernkastel-Kues, mit dem Renaissance-Rathaus und den Fachwerkbauten von seltener architektonischer Schönheit ringsum.

Siehe Nr. 04

ERLEBEN

Impressionen
Virtuell über das Moseltal fliegen, Weingüter zu bestimmten Lagen finden, die Faszination erkennen, die im Weinbau liegt – das alles ermöglichen Infopoints mit modernster Medientechnik im Weinkulturellen Zentrum in Bernkastel-Kues.

TOPZIEL Siehe Nr. 04

KULTUR

Geistiges Erbe
In Bernkastel-Kues hat Nikolaus von Kues sein Hauptwerk, „De docta ignorantia", 1440 vollendet. Das Cusanus-Geburtshaus/Cusanusstift bringt mit Faksimiles, aber auch Vorträgen, Musik, Gesprächen den großen Gelehrten auf lebendige Art näher.

TOPZIEL Siehe Nr. 04

Von Wundern und Festen

Sei es eine geführte Wanderung auf den Spuren der Römer in Neumagen, sei es eine Runde Jogging in den Weinbergen: In der Region um die „Moselloreley“ lässt sich toll Aktivurlaub machen – oder auch nur faulenzen. Das wusste schon Roms Kaiser Konstantin, der sich dort kurzerhand seinen Sommerpalast bauen ließ, auf vielen Spaziergängen das Hügelland erkundete und sich den Wein aus Piesport munden ließ. Auch der Dichter Ausonius war begeistert von der Landschaft, die ihn gar zur „Mosella“, der großen Ode an den Moselwein, inspirierte.

Tiefster Winter in Piesport, doch der Frühling ist nicht weit.

01

SPECIAL Die Vision

Ein Sieg

Für einen von der Sonne verwöhnten Römer war dies durchaus ein recht ungewöhnlicher Urlaubsort. Gegend und Klima begeisterten Kaiser Konstantin aber doch so sehr, dass er im 4. Jahrhundert „Noviomagus", übersetzt: „Neumarkt", prompt zu seiner Sommerresidenz erwählte und befestigen ließ.

Der erste Schritt zum Christentum

Es geschah auf einem Hügel nahe Neumagen-Dhron, der heute den Namen Konstantinhöhe trägt, und zwar 312 nach Christus. Bei einem Spaziergang hatte Kaiser Konstantin plötzlich eine Vision. Ihm erschien Jesus Christus – und offenbarte eine frohe Botschaft. Konstantin wurde der Sieg über den in Rom herrschenden Kaiser Maxentius vorausgesagt, der ihm die Macht streitig machte. Die Visionen und der tatsächliche Sieg an der Milvischen Brücke in Rom haben Konstantin später veranlasst, sich zum Christentum zu bekehren – so jedenfalls lautet der Inhalt einer Legende. An das Ereignis erinnert heute ein Wegekreuz.

Schon die Römer hatten erkannt, dass der große Fluss bei Neumagen besonders gut schiffbar ist. In der Antike galt es als einer der größten Umschlagplätze für Wein, Holz und Vieh.

Den Römern aber war es auch ein schönes Reiseziel, wie der Bericht eines unbekannten Dichters aus dem zweiten nachchristlichen Jahrhundert belegt. Das Wechselspiel aus sanften Hügeln, dem sich wie ein Regenwurm windenden Fluss und den waldigen Höhen der Moselberge zog sie in seinen Bann. Und schließlich gleicht das fast mediterrane Klima hier dem der Stadt Rom zumindest mehr als an den meisten anderen Orten Deutschlands.

369 n. Chr. besuchte der Dichter Ausonius das Kastell Noviomagus. Seine Eindrücke flossen in die „Mosella" ein. Außer dieser Dichtung, in der auch seine Rhein-Mosel-Fahrt von Bingen bis Trier ihren Niederschlag gefunden hat, kennt man kaum noch nennenswerte literarische Belege aus der Antike für den Moselwein. Allerdings verbindet sich heute der Name des Schriftstellers Stefan Andres mit dieser Region, wurde er doch 1906 in Trittenheim geboren. Die Familie siedelte wenig später nach Schweich um, das Studium zog ihn dann nach Köln, Jena und Berlin. Vor allem die Romane seiner frühen Schaffenszeit aber spielen meist im heimatlichen Raum.

01 *Strahlend schön: die Piesporter Weinkönigin*
02 *Das Neumagener Weinschiff*
03 *Treffpunkt für ein gemütliches „Schöppche"*
04 *Gut gelaunte Besucher beim Winzer*

01

02

03

Von hier ließ sich schon Kaiser Konstantin mit Wein versorgen.

Meisterwerke der Bildhauerei

Zu den Meisterwerken römischer Bildhauerkunst gehört das Schulrelief, von dem sich ein Abguss im Neumagener Schulgebäude befindet. Zu sehen sind zwei Knaben, die sich gegenübersitzen und jeweils eine aufgeschlagene Buchrolle in den Händen halten. Zwischen den beiden Schülern sitzt der Lehrer, der sich dem Jungen auf der rechten Seite zuwendet. Von rechts kommt ein jüngerer Knabe herbei, die rechte Hand zum Gruß erhebend und in der linken Hand Schreibtafeln tragend. Mindestens ebenso berühmt ist das Neumagener Weinschiff. Die Nachbildung des Grabmals für einen begüterten Weinhändler bei der Peterskapelle ist die Darstellung eines Kriegsschiffes und eines mit vier Fässern beladenes Frachtschiffes. Es gibt noch ein zweites Neumagener Schiff, das jedoch nicht vollständig erhalten ist. Nach dem Vorbild des berühmten Weinschiffdenkmals nimmt nun ein (motorisiertes) originalgetreues Römerweinschiff von hier Fahrt auf der Mosel auf: die „Stella Noviomagi". Gäste können es buchen und auch in den Genuss von Führungen und Weinproben kommen.

Rebensaft für den römischen Hof

Das Erbe Roms wird jedes Jahr auch im benachbarten Piesport lebendig. Beim Römischen Kelterfest kann der Gast miterleben, wie seinerzeit Wein produziert wurde. Die alte Kelter wird dann in Gang gesetzt. Die Lagerkapazität der Kellerräume und die Größe der Rebfläche lassen nach Expertenmeinung darauf schließen, dass in Piesport möglicherweise schon seit dem 2. Jahrhundert für den kaiserlichen Hof Wein angebaut wurde. Ein Teil der Anlage stammt jedoch auch aus dem 4. Jahrhundert. Von hier aus ließ sich Kaiser Konstantin mit köstlichem Rebensaft versorgen.

Das Wunder von Klausen

Der Wallfahrtsort Klausen und die Wallfahrtskirche verdanken ihre Entstehung dem Klausner Eberhard aus Piesport. 1438 stellte der fromme Marienverehrer an der Stelle der heutigen Wallfahrtskirche einen Bildstock mit der Figur einer Schmerzhaften Muttergottes auf, um vor dem Bild zu beten. Nach einer Marienerscheinung erbaute er vier Jahre später ein Heiligenhäuschen. Während des Baus soll es zu einem Wunder gekommen sein. Als eines Tages der Wein ausging und eine neue Lieferung nicht nachkam, bat einer der Arbeiter den Klausner, doch noch mal im alten Fass nachzusehen, ob nicht noch etwas übrig wäre. Als Eberhard dem Wunsch nachkam, war das vermeintlich leere Fass wieder bis obenhin gefüllt.

01 *Herrlich öffnet sich der Blick auf die Mosel bei Trittenheim*
02 *Weingenuss klassisch-römisch in Piesport …*
03 *… und Keltern nach Art der Römer beim Fest*

01
02
03
04
05
06
Maßstab 1:200.000
0
3 km
WITTLICH
TRABEN-TRARBACH
BERNKASTEL-KUES
SCHWEICH
TRIER
KONZ
HERMESKEIL
MANDERSCHEID
KYLLBURG
Piesport
Neumagen-Dhron
Trittenheim
Leiwen
Klüsserath
Mehring
Morbach
Nonnweiler
Nohfelden
Landscheid
Speicher
Zemmer
Föhren
Hetzerath
Kordel
Welschbillig
Newel
Waldrach
Reinsfeld
Kröv
Zeltingen-Rachtig
Kondelwald
Osburger Hochwald
64
52
40
100

Römische Zeugen und Idyllen

Neuere und alte Dichtkunst verbinden sich mit diesem Moselabschnitt: Der schöne Ort Trittenheim bezeichnet den Schriftsteller Stefan Andres als Sohn der Stadt. Und der römische Dichter Ausonius hinterließ mit der „Mosella“ eine Ode an den Moselwein und die liebliche Landschaft. Und so ist sie auch heute: Weinberge, ideal für Wanderungen, rahmen malerische Orte, zahlreiche Weinfeste sorgen dort für Stimmung. Vielerorts haben sich auch interessante Zeugnisse der Römer erhalten.

Idyllisch am Moselufer liegt die hübsche Piesporter Pfarrkirche St. Michael

01 PIESPORT

Schon die Römer wussten um die Reize der Landschaft rund um die Heimat des „Goldtröpfchens“. Wie die Ränge eines Amphitheaters, so schrieb der Dichter Ausonius, rahmen die Weinberge den Ort ein.

GESCHICHTE Die Römer hinterließen zahlreiche Zeugnisse, die darauf schließen lassen, dass der Ort einst ein wichtiger Hafen war. Er war dem Bigontius geweiht, einer lokalen Gottheit. Daraus leitete sich der Name Porto Pigonto ab, aus dem sich später Piesport entwickelte. Zu den bedeutenden Funden, die heute im Landesmuseum von Trier aufbewahrt werden, zählen drei Sarkophage, das Diatretglas von Niederemmel, ein geschliffener, doppelwandiger Weinkelch und die sogenannte goldene Kaiserfibel aus dem frühen 4. Jh. Sie ist eine Spange, mit der das Römergewand über der Schulter zusammengehalten wurde. Sie wurde einer verdienten regionalen Persönlichkeit von Kaiser Konstantin verliehen. Während der französischen Besatzungszeit um 1794 leisteten die Bürger des Ortsteils Niederemmel erheblichen Widerstand.

SEHENSWERT An einen Piesporter Pastor, der im 18. Jh. die einheimischen Winzer für den Qualitätsanbau des Rieslings gewinnen konnte und dem die Piesporter Weinkultur daher viel verdankt, erinnert das Denkmal vor der Rokoko-**Pfarrkirche St. Michael** (erbaut 1776/1777). Im Inneren der Kirche befinden sich prächtige Deckengemälde. In Piesport sind zwei **Hofgebäude** gut erhalten: das dreigeschossige ehemalige Weingut des Domkapitels von Trier aus dem Jahre 1721 und das ehemalige Weingut des Klosters Klausen in der Eifel, nur wenige Kilometer von Piesport entfernt.
In Piesport wurden zwei römische **Kelteranlagen** **TOPZIEL** gefunden, die am Ortsrand in Richtung Ferres besichtigt werden können. Eine Weinpresse wurde originalgetreu rekonstruiert und steht jedes Jahr im Mittelpunkt beim Piesporter Römischen Kelterfest. Das beeindruckende und steil aus der Mosel aufragende Felsmassiv bei Piesport, im Volksmund auch **„Moselloreley“** genannt, lässt flussabwärts keinerlei Verkehrsverbindungen zu. Das Steilufer bietet nicht mal Platz für einen Fußweg. Die katholische Pfarrkirche **St. Martin** in Niederemmel mit den lebensgroßen Statuen der Heiligen Petrus und Jakobus und sehenswerten Seitenaltären wurde 1732 erbaut, nachdem der Vorgängerbau baufällig geworden war.

VERANSTALTUNGEN Zu den Höhepunkten im jährlichen Veranstaltungskalender gehören neben dem **Römischen Kelterfest** (s. Tipp S. 76) Anfang Oktober das **„Moselloreley-Fest“** Anfang Juli, das gebührend mit einem Großfeuerwerk gefeiert wird, und das **Weinfest und Heimatfest** am ersten Augustwochenende, bei dem auch die Piesporter Weinkönigin gekrönt wird. Weitere **Winzerfeste** sind das Weinhöfefest Mitte August und die Weinkirmes St. Martin am letzten Oktoberwochenende.

UMGEBUNG Von Piesport führt ein steiler Weg durch die Rebhänge zur Moselhöhe, wo Mosellandschaft und Eifel ineinander verwachsen. Nach ca. 5 km erreicht man Klausen am Rande des Salmtals mit seiner berühmten Wallfahrtskirche St. Maria, die zugleich auch als Pfarrkirche dient. Jährlich besuchen über 100 000 Pilger den populärsten und bekanntesten Wallfahrtsort im Moselraum, die **Wallfahrtskirche Klausen.** Pro Jahr erlebt der Ort etwa 300 Prozessionen. Besonders ledigen Frauen soll die Pilgerfahrt helfen, einen Ehemann zu finden. Seit 1997 hat sich mit der Motorradwallfahrt zusätzlich eine besondere Form der Wallfahrt etabliert (www.klausen.de).

INFORMATION
Verkehrsbüro Piesport/Minheim,
Heinrich-Schmitt-Platz 1, 54498 Piesport,
Tel. 06507/20 27, www.piesport.de

02 NEUMAGEN-DHRON

Die beschauliche Gemeinde mit ihren über 2500 Einwohnern gilt als der älteste Weinort Deutschlands.

GESCHICHTE Neumagen-Dhron ist eine Siedlung aus keltischer Zeit. Funde belegen, dass jenes Kastell, das Kaiser Konstantin im 4. Jh. um seine Sommerresidenz bauen ließ, einen fast ovalen Grundriss hatte. Es besaß 14 Türme und zwei Tore und hatte einen Umfang von etwa 100 auf 130 m. Zudem gab es in dem Ort zahlreiche römische Villen, was auf einen gewissen Wohlstand durch Handel schließen lässt.
Im Jahre 369 n. Chr. besuchte Ausonius, der Dichter und Verfasser der „Mosella“, Neumagen. Ihm setzte die Gemeinde ein Denkmal. Das Gelände der römischen Festung diente in der Merowingerzeit als königlicher Besitz, der im Jahre 882 von den Normannen zerstört wurde. Die Befestigungsmauern der römischen Kastellanlagen standen teilweise noch bis ins 19. Jahrhundert. Erst zwischen 1877 und 1885 wurden die Quader sys-

tematisch abgetragen und eine Auswahl davon nach Trier gebracht.

SEHENSWERT Ein **Archäologischer Rundweg** führt „Auf den Spuren der Römer". Er umfasst die noch sichtbaren Mauerreste des römischen Kastells und einige Nachbildungen römischer Kunstdenkmäler. Dabei können auch das berühmte Neumagener Weinschiff sowie das Schulrelief besichtigt werden, ferner weitere Reproduktionen römischer Kunstwerke, unter anderem das Relief einer Pachtzahlung (an der Amtsverwaltung), die Darstellung einer Friseurszene vom Elternpaar-Pfeiler und ein Kopffragment vom Negotiator-Pfeiler (Regelführungen Fr. 17.15, Sa. 10.15 Uhr, Sonderführungen ganzjährig auf Anfrage). 1190 wurde der Vorgängerbau der hübschen katholischen **Pfarrkirche St. Maria** eingeweiht. Auf der Konstantinhöhe erinnert das **Wegekreuz Konstantinsvision** an die Erscheinung, die Kaiser Konstantin erlebte.

Tipp

Römisches Kelterfest

Anfang Oktober begeht Piesport (s. S. 75) sein Römisches Kelterfest. Höhepunkt ist die original römische Kelterung. Eine Gruppe von Männern und Frauen, bekleidet mit einer weißen Toga, treten die Trauben mit den Füßen. Das Spektakel steht unter der Aufsicht des „Imperators" höchstpersönlich, der, begleitet vom Weingott Succellus, der Weinkönigin und einem Tross aus farbenfrohen Legionären, Mundschenken und allerlei Fußvolk, zuvor durch das Dorf zur römischen Kelteranlage gezogen ist. Im Dorf werden an Ständen und in Zelten römische Spezialitäten und deftige Köstlichkeiten aufgetischt. Getrunken wird der Wein, der beim vorjährigen Fest durch die römische Kelter gelaufen ist.

MUSEUM Im **Heimatmuseum** an der Tourist-Information sind weitere Abgüsse von Funden aus der römischen Epoche ausgestellt. Weitere Präsentationsschwerpunkte des Museums sind Weinbau, Küfer- und Keltergeräte des mittleren Moselraumes (Hinterburg 8A, Tel. 06507/65 55, März–Okt. Mo.–Sa. 8.30–12.00, Mo., Di., Do., Fr. 14.00–17.00 Uhr, Nov.–Febr. Mo.–Fr. 8.30–12.00 Uhr).

AKTIVITÄTEN In der Umgebung gibt es ein dichtes Netz an gut ausgebauten **Wanderwegen.** 21 markierte Wege von insgesamt 300 km Länge hat man im Verbund mit den Orten Trittenheim, Minheim und Piesport geschaffen. Sie sind durch weiße Zahlen auf grünem Grund gekennzeichnet. 2007 lief die „Stella Noviomagi" vom Stapel, die für eine **Moselfahrt** gechartert werden kann (www.neumagener-weinschiff.de). Mit 17,95 m Länge und 4,20 m Breite ist es das größte im deutschen Sprachraum nachgebaute, schwimmfähige Römerschiff.

INFORMATION

Tourist-Information Neumagen-Dhron, Hinterburg 8A, 54347 Neumagen-Dhron, Tel. 06507/65 55, www.neumagen-dhron.de

03 TRITTENHEIM

Der hübsche Ort, Heimat der bekannten Weinlage „Trittenheimer Altärchen", ist die Geburtsstadt des bekannten Schriftstellers Stefan Andres, in dessen Werken sich sein christlich geprägtes Weltbild spiegelt.

SEHENSWERT Beachtenswert ist die einheitliche Innenausstattung der **Pfarrkirche St. Clemens** aus dem 18. Jh., insbesondere der reiche barocke Figurenschmuck sowie der imposante Hochaltar. Oberhalb von Trittenheim in den Weinbergen steht die **Laurentiuskapelle,** zu der ein Kreuzweg hinaufführt. Sie wird unter anderem als Gedächtnisstätte für die im Ersten Weltkrieg gefallenen Soldaten genutzt.

AKTIVITÄT Bei **Weinwanderungen** auf den Spuren der Römer hat man auch einen Blick auf den Steilhang der „Trittenheimer Apotheke".

VERANSTALTUNGEN Wein- und Brückenfest an Pfingsten; **St.-Laurentius-Weinkirmes** mit der „Großen Messe der Trittenheimer Weine" am zweiten August-Wochenende; **Weinstraßenfest** Ende August.

INFORMATION

Tourist-Information Trittenheim, Tel. 06507/2227, www.trittenheim.de

04 LEIWEN

Auch dieser hübsche Ort diente römischen Herrschern als Ferienresidenz.

GESCHICHTE Der Name „Leiwen" soll sich einer Sage zufolge von der römischen Kaiserin Livia ableiten. Auf einer Reise nach Gallien soll Kaiser Augustus hier eine prunkvolle Urlaubsvilla als Sommerresidenz für seine Gemahlin Livia errichtet haben. Einer anderen, eher wissenschaftlich geprägten Version nach ist der Ortsname keltischen Ursprungs. In den 1930er-Jahren wurden jedenfalls umfangreiche Fundamente eines römischen Feudalbaues – vermutlich der Ferienvilla – und eine römische Brunneneinfassung entdeckt. Erstmals geschichtlich erwähnt wurde Leiwen in einer Urkunde zu Beginn des 9. Jhs. Neben dem Trierer Stift St. Simeon besaß unter anderem auch die Abtei St. Martin hier größere Güter. Seit Ende des 18. Jh.s war Leiwen eine französische Bürgermeisterei. Sie wurde in preußischer Zeit fortgeführt.

SEHENSWERT Die katholische Pfarrkirche **St. Stefan** wurde 1769 bis 1771 als dreischiffige Hallenkirche mit angebautem Westturm errichtet und besticht mit einer reichen Rokokoausstattung, zwei prächtigen Maßwerkfenstern an der Chor-Stirnseite sowie reich verzierten Beichtstühlen. Von den Höfen sind insbesondere der ehemalige **kurtrierische Hof** in der Tränkgasse, erbaut Anfang des 17. Jh.s, sowie der mittelalterliche Fachwerkbau des **Zehnthof** in der Laurentiusgasse gut erhalten. Lohnend ist auch ein Besuch des **jüdischen Friedhofs.** Die oft obeliskenförmigen Grabsteine tragen Inschriften in Hebräisch, die teilweise deutsch wiedergegeben sind. Einen eindrucksvollen Blick ins Moseltal und auf Trittenheim bietet die **Zummethöhe** südöstlich von Leiwen, auf der sich früher die römische Villa befand.

INFORMATION

Touristikverein Leiwen, Römerstraße, 54340 Leiwen, Tel. 06507/31 00, www.leiwen.de

05 KLÜSSERATH

Wie stark der Ort vom Weinbau geprägt war und ist, zeigt die Tatsache, dass hier einst über 20 Klöster Weinberge besaßen und sich die Äbte von Klüsserath aus die Keller füllen ließen. Selbst Kaiser Maximilian kehrte, auf dem Weg zum Reichstag, in Klüsserath ein.

SEHENSWERT Im Jahre 1270 erwarben die ritterlichen Herren von Bruch eine Anlage, die im

Die römische Villa in Mehring

14. Jh. als kurfürstliche Burg oder **Wasserburg** in den Besitz des Trierer Erzbischofs überging. An die frühere Nutzung erinnert ein aufgefüllter Wassergraben. Im herrlichen Kreuzgewölbekeller aus dem frühen Mittelalter werden auf Wunsch über die Tourist-Information auch Weinproben organisiert. Die katholische **Pfarrkirche St. Maria** wurde 1783 anstelle einer mittelalterlichen Vorgängerkirche im barocken Stil erbaut. Sehenswert ist der steinerne Hochaltar. Die Kirche enthält unter anderem das Grabmal des Kreuzfahrers Graf Richard von Hagen (1449).

INFORMATION
Tourist-Information Klüsserath, Kirchstraße 1, 54340 Klüsserath, Tel. 06507/30 99, www.kluesserath.net

06 MEHRING

Auf der einen Seite sanfte Weinberge, auf der anderen Seite die waldigen Höhenzüge der „Mehringer Schweiz" – so präsentiert sich das Moseltal rund um die 2000-Einwohner-Gemeinde, einen lebendigen Weinort.

SEHENSWERT Mit einer rekonstruierten **römischen Villa,** gelegen an der ehemaligen Römerstraße von Trier nach Mainz, besitzt das rechte Moselufer eine besondere Attraktion. Erbaut wurde die Villa in der Mitte des 2.Jh.s. Nach Um- und Anbaumaßnahmen im 3. und 4. Jh. hatte sie einen Umfang von 48 m Länge und 29 m Breite. Mit über 35 Räumen war sie seinerzeit eine der größten dieser Art im Raum Trier. Mit ihren beiden Ecktürmen und der dazwischen liegenden Säulenhalle spiegelt die Villa ganz hervorragend die römische Wohnkultur des 3. Jh.s wider. Sehenswert ist ferner die barocke Pfarrkirche **St. Medardus.**

MUSEUM Im **Wein- und Heimatmuseum,** Bachstraße 47, werden die Geschichte des Orts und des Weinbaus dokumentiert (Mai–Okt. Mo. und Fr. 15.00–19.00, Di.–Do. 8.00–12.00, Do. 18.00–20.00 Uhr und auf Anfrage; Nov.–April auf Anfrage).

AKTIVITÄTEN Es bestehen örtliche **Wanderwege.**

VERANSTALTUNGEN Am ersten Wochenende im September findet in Mehring ein **Weinfest mit Winzerspiel** statt, in dessen Rahmen die Krönung der Weinkönigin vollzogen wird. Darüber hinaus werden **Winzerhoffeste** im September und Oktober veranstaltet.

INFORMATION
Touristinformation Römische Weinstraße, Brückenstraße 46, 54338 Schweich, Tel. 06502/93 38 11, www.schweich.de

Tipp

Winzerhof Reis-Kohl

Gemütliche und günstige Zimmer, von denen man einen Moselblick genießen kann, eine tolle Weinkarte sowie ein deftiges Winzerfrühstück erwarten den Gast in diesem urigen Winzerhof.
Winzerhof F.-J. Reis-Kohl, Im Bungert 3a, 54346 Mehring, Tel. 06502/87 73, www.reis-kohl.de

Nicht versäumen!

ERLEBEN

Des römischen Kaisers Wein
Es ist eine Binsenweisheit, dass die Römer die Mosel zu schätzen wussten – als Wasserstraße und im Weinbau. Zum großartigen Piesporter Kelterfest wird die größte und älteste Kelter nördlich der Alpen, ein Relikt jener Zeit, in Gang gesetzt.

TOPZIEL Siehe Nr. 01

KULTUR

Pilgerziel
Die Wallfahrtskirche in Klausen ist Anziehungspunkt für viele Tausend Gläubige. Und es ist schon ein beeindruckendes Bild, wenn sich bei der Motorradwallfahrt Maschine an Maschine reiht.

Siehe Nr. 01

KULTUR

Bis ins Detail
Die achtköpfige Besatzung des Neumagener Weinschiffes sitzt am Ruder, der Steuermann führt am Hintersteven das Steuerruder. Auch der Archäologische Rundweg in Neumagen-Dhron führt an dieser steinernen Besonderheit vorbei.

Siehe Nr. 02

ERLEBEN

„Altärchen" und „Apotheke"
Unter den Brücken wird in Trittenheim gefeiert, wenn die Jungwinzer an Pfingsten zur Weinprobe laden. Weine der berühmten Trittenheimer Lagen werden hier bei Live-Musik verkostet.

Siehe Nr. 03

KULTUR

Villa Rustica
Die recht gut erhaltenen Teile der prunkvollen Ausstattung vermitteln Eindrücke vom Leben in der römischen Villa. Auch Teile der Wände, die mit reicher Malerei versehen waren, haben sich in der Villa in Mehring bewahrt.

Siehe Nr. 06

Antiker Glanz mit Ambiente

Natürlich gibt es in Trier viele römische Bauwerke, Kirchen wie den weltberühmten Dom St. Peter, malerische Bürgerhäuser, heimelige Gassen und stille Winkel. Das ist die eine, die bekannte Seite dieser Stadt. Vom zweiten Gesicht ist oft weniger die Rede – schon zu römischen Zeiten war Trier nämlich ein Hort der Lebensfreude, und das ist bis heute so geblieben. Gourmetrestaurants, schicke Boutiquen, ein erstklassiges Kulturangebot, viele urige Kneipen locken jährlich über drei Millionen Touristen an. Zum ganzen Charme, den diese Stadt ausstrahlt, gesellt sich die typische Trierer Gemütlichkeit.

Mit dem Römer-Express kann man in Trier in die glanzvolle Zeit der Antike zurückreisen, z. B. zu den Kaiserthermen

01

02

03

04

05

„Auf Schritt und Tritt ist hier die Antike spürbar.“

Guillaume Apollinaire

Das Postkärtchen aus dicker Pappe zeigte die Porta Nigra – natürlich in fahlem Schwarz-Weiß, denn 1902 war die Farbfotografie noch ein seltenes und teures Vergnügen. In schwärmerischen Worten berichtete ein 22-jähriger Franzose seiner Mutter von seinem Aufenthaltsort, einer Stadt, die in einem Atemzug zu nennen sei mit Rom, Paris, Marseille oder Amsterdam. Einen Wein gebe es dort, so „konzentriert, der die Meere, die Tiere, die Pflanzen enthält“. Auf Schritt und Tritt sei hier die Antike spürbar, schrieb der junge Mann. Keine Frage: Trier hatte es dem jungen Guillaume Apollinaire, einem der größten französischen Avantgarde-Dichter des 20. Jahrhunderts, ziemlich angetan.

Eine „angenehme Gegend“

Nicht von ungefähr fand schon Johann Wolfgang von Goethe, der 1792 in Trier weilte, lobende Worte für die älteste Stadt Deutschlands, die er in „einer angenehmen Gegend“ angesiedelt sah. Da hat Kaiser Augustus wohl eine gute Wahl getroffen, als er 16 v. Chr. „Augusta Treverorum“ begründete. Hier kann man, wie sonst kaum, in nur 20 Minuten oder, wie ein Werbeslogan besagte, mit 2000 Schritten einen Parforceritt durch 2000 Jahre Geschichte unternehmen, sich in den vielen Straßencafés der Fußgängerzone Simeonstraße oder am malerischen Hauptmarkt zurücklehnen und die Sonne genießen oder die vorbeiflanierenden Shopaholics beobachten, die sich in den für eine derart kleine Großstadt überraschend schicken Modegeschäften der Stadt eindecken.

Der Heilige Rock

Bevor es soweit ist, steht für die meisten Besucher der Stadt zunächst also ein Besuch der römischen Thermen und des mächtigen Doms im Zentrum der Altstadt an. Wohl kaum eine Textilie stand so sehr im Mittelpunkt von Massenwallfahrten wie die Tunika Christi, die in Letzterem aufbewahrt wird. Weil die Reliquie, im Volksmund der „Heilige Rock“ genannt, wegen kriegerischer Auseinandersetzungen immer wieder transportiert werden musste, teilweise unter Nässe und anderen Witterungseinflüssen litt und nicht immer fachgerecht behandelt wurde, unterliegt sie heute strengen konservatorischen Vorgaben. Das Gewand Christi hat die Massen bewegt: 1933 kamen mehr als 2 Mio. Pilger, 1959 gute 1,8 Mio. und 1996 mehr als 1 Mio. Menschen eigens in den Trierer Dom, um das Gewand zu sehen – ganz zu schweigen von den Wallfahrten in den Jahrhunderten davor. Derzeit laufen schon die Vorbereitungen für die große Wallfahrt im Jahr 2012.

01 *Wahrzeichen Triers: die Porta Nigra*
02 *Kopie der Igeler Säule und …*
03 *Triumphbogen im Landesmuseum in Trier*
04 *Relief auf römischem Grabmal in Trier*
05 *Inneres der Konstantinsbasilika*

01

02

03

04

SPECIAL Karl Marx

Arbeiter an die Macht!

Es war ein Trierer, der die Welt entscheidend veränderte: Karl Marx, Philosoph und revolutionärer Denker. Auf seine Theorien berufen sich die kommunistischen Gesellschaftssysteme.

Andauernde Wirkungsgeschichte

Marx erblickte am 5. Mai 1818 in der Brückenstraße das Licht der Welt. Er entstammte einer Familie, die konvertierte und im Jahr 1824 der evangelischen Kirche beitrat. 1835 legte Karl Marx sein Abitur ab und studierte von 1835 bis 1841 Staatswissenschaften, Philosophie und Geschichte in Berlin und Bonn.

Am 12. Juni 1843 heiratete er Jenny von Westphalen. Es sollte jedoch keine glückliche Ehe werden. Als Karl Marx in Paris sich dem Studium des Sozialismus und Kommunismus widmete, begann seine Zusammenarbeit mit Friedrich Engels. Schließlich wurde er aus Frankreich ausgewiesen und so begab er sich nach Brüssel. Gemeinsam mit Friedrich Engels erstellte Streitschriften erschienen. 1848 verfasste er das „Kommunistische Manifest" mit einer radikalen Kritik an der bestehenden Gesellschafts- und Wirtschaftsordnung und dem Aufruf zum Klassenkampf. Ab 1849 lebte er in London, wo er am 14. März 1883 im Alter von 64 Jahren verstarb.

Im Geburtshaus in Trier widmet man sich nicht nur der Person von Karl Marx. Hier wird ein Bogen seiner Wirkung vom 19. Jahrhundert bis zur heutigen Gegenwart gespannt, über Bundesgenossen wie Gegner informiert. Wie streitbar und umstritten er war, legen Zitate dar; thematisch gegliederte Räume schildern umfassend sein Wesen und Werk vor dem Hintergrund der Zeitumstände.

Tafel am Geburtshaus von Karl Marx

Markenzeichen: Gemütlichkeit

Trifft man auf Reisen Exil-Trierer wie den 61-jährigen Wahl-Kalifornier Herbert Hahn oder Carsten Schommer, der aus beruflichen Gründen seinen Wohnsitz Trier gegen Bodo nördlich des norwegischen Polarkreises eintauschen musste, dann hört man es aus berufenem Mund: Vermisst wird unisono die „typische Trierer Gemütlichkeit" – ein Markenzeichen dieser Stadt. Man genießt gerne, lange und ohne Hektik, ganz gleich ob ein gemütliches Bier – Trier hat, gemessen an der Einwohnerzahl, mit die höchste Kneipendichte in Deutschland – oder die „Délice von St. Jakobsmuscheln und Périgord-Trüffeln" im Weinhaus Becker beziehungsweise Becker's oder aber das „Steak vom heißen Stein" in Trendlokalen. An einem warmen Sommerabend sind die Terrassenlokale am Zurlaubener Ufer rappelvoll; dort lässt man sich gebackenen oder gedünsteten Moselhecht genauso trefflich schmecken wie den herrlichen Elbling aus den Weinbergen rund um Saarburg.

Die Lebensfreude ist nicht aufgesetzt wie in vielen anderen Städten. Wo man auf Schritt und Tritt mit der langen Geschichte konfrontiert wird, behält man die Tradition im wahrsten Sinne des Wortes im Blick, wie eine kleine Stadtrundfahrt mit dem „Römer-Express" beweist. Schließlich

01 *Ein schönes Ensemble: der Hauptmarkt in Trier.*
02 *Petrusbrunnen mit vier Tugenden in Trier,*
03 *... Figurenportal an der Liebfrauenkirche*
04 *... und die kurfürstliche Residenz.*

01

02

03

04

Schon früh war Trier gewissermaßen ein Genusszentrum.

prägten römische Kaiser, Bischöfe, Kurfürsten und reiche Bürger im Lauf der Jahrhunderte mit heute noch allgegenwärtigen Bauwerken das Gesicht von Trier. Man denke nur an die berühmte Porta Nigra, die Konstantinbasilika, das Kurfürstliche Palais, den weltberühmten Dom St. Peter sowie zahlreiche andere Kirchen wie die Liebfrauenkirche, die Marktkirche – und last but not least die prächtigen Bürgerhäuser am Hauptmarkt.

Schon früh war Trier gewissermaßen ein Genuss-Zentrum; bereits die Römer meinten, dass nur in einem gesunden Körper ein gesunder Geist wohnen könne. Wer damals Ruhe und Entspannung suchte, der ging in die nahe gelegenen Kaiserthermen, das Bade- und Kommunikationszentrum. Hier ließ man sich auch kulinarisch verwöhnen, nahm Heiß-, Warm- oder Kaltbäder, stöberte in der Bibliothek und machte Geschäfte oder gar hohe Politik. Wer auf Zerstreuung, bisweilen grausame Spiele oder Gladiatorenkämpfe aus war, der marschierte dagegen zum Amphitheater.

Theater vor einer Prachtkulisse

Da setzt man heute lieber auf die gehobenere Kultur – Ambiente heißt das Schlagwort. Welch eine Kulisse: In den Kaiserthermen oder dem Amphitheater auf dem Petrisberg finden jedes Jahr im Juni und Juli die Antikenfestspiele statt: Operetten, die oft von der antiken Mythologie geprägt sind, Theater- oder Tanzaufführungen formen das Programm. Die Oper „Nabucco" findet sich wie die Tragödie „Antigone" auf dem Spielplan. Der frühere Badesaal der Therme ist zu einem 650 Zuschauer fassenden Theater ausgebaut worden. Namen wie Hanna Schygulla und auch Sir Peter Ustinov verbinden sich mit den Spielen, und die Philharmonischen Orchester in Luxemburg und Nancy schufen eine Verbindung über die Grenzen der Region hinaus. Seit mehr als 20 Jahren sind die Mosel Festwochen von Juni bis Oktober eine Institution in Trier: Neue Musik, Klassik und Musik der Welt in einer Reihe ambitionierter Konzerte. Musikliebhaber und -kenner sind begeistert, kein Wunder, bei Veranstaltungsorten wie der alten Basilika, dem Trierer Dom oder dem Kurfürstlichen Palais. Mittlerweile trägt das Klassikfestival einen neuen Namen: Nun heißt es, zeitig beim Mosel Musikfestival die Plätze sichern.

Kulinarischer Genuss

Weinliebhaber und Feinschmecker pilgern im April in die Stadt, wenn zum Wein- und Gourmetfestival International aufgerufen wird. Es kooperieren hier, in der europäischen Mosel-Region, Weinwirtschaft, Gas-

01 *Alter Kran am Moselufer bei Trier*
02 *Weltberühmt ist der Trierer Dom*
03 *St.-Matthias-Basilika in Trier*

04 *Im Stadtteil Zurlauben kommen Schlemmer auf ihre Kosten*

01

02

03

04

tronomie und Tourismus und stellen ein Programm auf die Beine, das von Menüs für Gourmets bis zu heiteren Veranstaltungen in den Weinbergen reicht und jedem Gaumen die kulinarische Vielfalt der Region nahebringt.

Wo sich die Szene trifft

Klassik ist nicht alles in Trier. Die Stadt beweist durchaus, dass die Zeit nicht stehen geblieben ist. Die Monate Juli und August gehören beispielsweise den eher ungestümen Rhythmen: „Jazz im Brunnenhof" an der Porta Nigra bietet jeden Donnerstag als Open-Air ein neues Highlight der Jazz-Szene. Und dann wäre da noch das Kultur- und Kommunikationszentrum Tuchfabrik, kurz die „Tufa". Kurse und Workshops, Nachtcafé und Kneipe sowie ein vielseitiges Programm mit Live-Musik, Kabarett und Comedy – die Tufa ist schon seit 1985 ein Treff für junge Leute in Trier. Rock-, Hiphop-, Independent-Konzerte und die Disko locken.

Auf den Spuren der Römer

Die alte Römerstraße folgte ziemlich genau der Mosel – und so kann man nicht nur in Trier, sondern auch in der Umgebung der Stadt eine Reise zurück in die Vergangenheit unternehmen. Etwa zur Römervilla nach Longuich, aus dem Keltischen abgeleitet für „krummer Bach": Bei der 1984 entdeckten römischen Anlage, in den Weinbergen gelegen, handelt es sich um eine Villa städtischen Typs, eine „Villa Urbana" aus dem 2. Jahrhundert mit einer größeren Badeanlage. Die Villa ist zum Teil nach der Konservierung wieder aufgebaut worden. Die Igeler Säule, ca. 8 km oberhalb von Trier gelegen, ist ein Grabmonument der Tuchhändlerfamilie der Secundinier um 250 n. Chr. Sie ist heute das größte römische Pfeilergrab nördlich der Alpen und etwa 23 m hoch. Weil man es einst für das Grabmal der Helena hielt, verschonte man die Säule bei der Suche nach Baumaterial – welch ein Glück. Denn die Säule ist geschmückt mit kunstvollen Reliefs, die einen tiefen Einblick in das religiöse, wirtschaftliche und private Leben der römischen Kaufmannsfamilie vermitteln. So ließen sich die Familienmitglieder beispielsweise beim Schlemmen in Stein verewigen – ein Anblick, der Johann Wolfgang von Goethe 1792 so faszinierte, dass er sich eine Miniatur der Säule anfertigen ließ.

Mußestunden im Lustschloss

Auch die Kirchenleute wussten zu genießen, und so gab der Trierer Dompropst Philipp Nikolaus Graf von Walderdorff am Moselufer am südwestlichen Zipfel der Stadt den Bau eines Landhauses in Auftrag, das an die Stammregion allen Genusses erinnern sollte – die Toskana. „Otium cum dignitate" ließ er auf dem Giebel als Motto verewigen – „Muße mit Würde", und man kann den Besuchern nur raten, diese Devise im Terrassencafé des malerischen Lustschlösschens zu beherzigen.

01 *Die römische Villa in Longuich*
02 *Der Stefan-Andres-Brunnen in Schweich*
03 *Segelpartie auf der Mosel bei Schleich*
04 *Musiker in der Alten Burg Longuich*

05 *Vom Markusberg mit Mariensäule wandert der Blick langsam über Trier*

TRIER
PALLIEN (zu Trier)
GARTENFELD (zu Trier)
TRIER-WEST (zu Trier)
TRIER-SÜD
Mosel
Trier Hbf.
Trier Süd
Kestenberg
Bitburger Str.
Fachhochschule
Drachenhaus
1 An der Jugendherberge
Schiffsanlegestelle
Ascoli Piceno Str.
Zurmaiener Str.
stadion
Mariensäule
Mariahilfkapelle
Kath. Akademie Robert-Schuman-Haus
Neuapost. Kirche
1 Paul-Ludwig-Weg
2 Hieronymus-Jägen-str.
„europäische kunstakademie"
Alter Kran
Zollkran
Porta Nigra
Nordallee
Simeonstr.
Kaiserstr.
Südallee
Kaiserthermen
Barbarathermen
Amphitheater
Kloster
Olewiger Str.
1 Athanasius-St
2 Eselspfad
Stadtwerke Verkehrsbetr.
Messepark Trier
Tennispl.
Wasserschutzpol.
Saarstr.
Kleingärten
St. Matthias
Kegelsporth.
Richter-Akademie
1 In den Moselauen
P+R
K.-Adenauer-Br.
Röm.-Br.
Maßstab 1:13.000
0
200 m

Römer, Bischöfe und Lebenslust

Auf beeindruckende Weise wird Vergangenheit in Trier lebendig. Zahlreiche Ausgrabungsstätten zeugen von einer langen Geschichte. Porta Nigra und Amphitheater, große Thermenanlagen, aber auch vor allem der Dom lassen wohl niemanden unbeeindruckt. Darüber hinaus lebt Trier durch seine Musikveranstaltungen und nicht zuletzt durch die angenehme Fülle an Lokalen, die zum Ausgehen geradezu auffordern.

Zinnen und Zierrat an der westlichen Häuserfront am Hauptmarkt: Steipe und Bürger-Doppelhaus

GESCHICHTE

Zahlreiche eindrucksvolle Bauten zeugen von der Römerzeit, doch reichen die Ursprünge bis ins 3. Jtsd. v. Chr.

Die Trierer Talaue war schon zu dieser Zeit Zentrum des keltischen Stammes der Treverer. Vermutlich bereits aus dem Jahre 30 v. Chr. stammen die Funde, die im Herbst 2002 bei Grabungen anlässlich der Landesgartenschau 2004 auf dem Trierer Petrisberg gemacht wurden. Nach ersten Einschätzungen der Experten stand dort ein Militärlager – 14 Jahre vor der datierten Gründung der Stadt Trier. Offiziell wurde „Augusta Treverorum" im Jahre 16 v. Chr. durch den römischen Kaiser Augustus am Fuße eines keltischen Heiligtums als Kaiserresidenz gegründet.

Bereits im 3. Jh. wurde Trier Bischofssitz. Unter Kaiser Victorinus wurde die Stadt dann 268 zur Hauptstadt Galliens und unter Kaiser Diokletian 293 zur Hauptstadt des westlichen Teilreiches erhoben. Damals zählte Trier bereits rund 80 000 Einwohner.

Zu Beginn des 10. Jh.s übernahmen die Erzbischöfe von Trier auch die weltliche Macht. 958 erwarb die Stadt unter Erzbischof Heinrich I. das Marktrecht. Ab dem 13. Jh. waren die Erzbischöfe zugleich auch Kurfürsten, was ihnen größeren politischen Einfluss brachte. Vor allem Kurfürst Balduin (1307–1354) gelang es, den zerstreuten Besitz des Kurstaats Trier zusammenzufassen und sogar bis in den Westerwald auszudehnen. Während des Dreißigjährigen Krieges (1618–1648) sank die Einwohnerzahl auf unter 4000. Eine neue Blütezeit begann erst wieder unter Kurfürst Franz Georg von Schönborn (1729–1756), die ihren Ausdruck in der städtebaulichen Entfaltung fand. Die Randlage in Deutschland hatte für Trier in wirtschaftlicher Hinsicht im 19. Jh. negative Folgen. Es wurde durch den Zusammenschluss der EU-Länder in der zweiten Hälfte des 20. Jh.s jedoch wieder zu einem interessanten Standort. Nach Koblenz ist Trier die zweitgrößte Stadt an der Mosel. Als solche ist sie mit zahlreichen Behörden auch Sitz des Landkreises Trier-Saarburg. Die Stadt umfasst unter anderem die Stadtteile Ehrang, Quint, Pfalzel und Zewen. 2007 prägte die große Konstantin-Ausstellung die Stadt.

SEHENSWERT

RÖMISCHE BAUWERKE Alle Bauten aus der Römerzeit stehen unter dem Schutz des UNESCO-Welterbestatus. Die **Porta Nigra** 01 TOPZIEL wurde Ende des 2. Jh.s als Nordtor der römischen Stadtbefestigung erbaut. Ursprünglich Porta Martis, Marstor, genannt, ist sie das Wahrzeichen der Stadt Trier. Da das aus hellem Sandstein errichtete Bauwerk, bedingt durch die Witterung, im Laufe der Jahrhunderte eine dunkle Farbe annahm, taufte man es in „Schwarzes Tor" um.

Die Trierer **Römerbrücke** 02 über die Mosel stellt den ältesten römischen Brückenbau nördlich der Alpen dar. Auch heute noch ist sie von ihren Ausmaßen und ihrer Stabilität her dem modernen Verkehr problemlos gewachsen.

Der älteste noch erhaltene Bau der Römer in Trier ist das in den Petrisberg eingegrabene **Amphitheater** 03 am Ostrand der antiken und heutigen Stadt. Erbaut wurde es um 100 n. Chr., wahrscheinlich anstelle eines Vorgängerbaus aus Holz. Ende des 2. Jh.s wurde es beim Bau der römischen Stadtbefestigung in die Stadtmauer einbezogen. Sage und schreibe drei römische Badeanlagen gab es in Trier.

Die **Kaiserthermen** 04, mit deren Bau Anfang des 4. Jh.s unter Konstantin begonnen worden war, gehörten mit einer Grundfläche von 260 auf 145 m zu den größten römischen Bädern überhaupt (April–Sept. tgl. 9.00–18.00, März, Okt. tgl. 9.00–17.00, Nov.–Febr. tgl. 9.00–16.00 Uhr, bei schlechter Witterung können die Thermen aus Sicherheitsgründen geschlossen bleiben). Die **Barbarathermen** 05 wurden Mitte des 2. Jh.s erbaut. Erhalten sind heute nur noch die Mauern der Kellergänge und geringe Teile des Erdgeschosses. Die Thermen sind bis auf Weiteres wegen Renovierung geschlossen. Völlig überraschend entdeckte man 1987 am Viehmarkt, am Südende der Fußgängerzone, beim Bau einer Tiefgarage eine dritte römische **Thermenanlage** 06 in Trier. Sie war bereits Ende des 1. Jh.s erbaut worden (siehe Museen). Nur wenige hundert Meter vom Dom entfernt schimmert die **Römische Palastaula** 07 in Karminrot. Sie zählt zu den wichtigsten Werken der Spätantike. Lange wurde sie wegen ihres Erscheinungsbildes für

Tipp

Frühchristliches Zeugnis

Unter der Dom-Information Trier kommt man Gebäuderesten aus der Zeit der frühen Christen ganz nahe: Laufstege führen über den wohl ersten Gebets- und Versammlungsraum der christlichen Gemeinde Trier, und damit über den ältesten Teil der Bischofskirche (3. Jh.). Es handelt sich um das unvergleichliche Zeugnis eines frühchristlichen Kirchenbaus nördlich der Alpen. Auch ein Kanal hat sich hier erhalten, Zeuge der mittelalterlichen und frühneuzeitlichen Wasserversorgung.

Dom-Information, Liebfrauenstraße 12/ Ecke Domfreihof, Tel. 0651/9 79 07 90, www.dominformation.de

Prächtige Deckenmalerei in St. Paulin

eine Basilika gehalten, weshalb sie auch unter der Bezeichnung Konstantinbasilika geführt wird. Die Palastaula wurde im ersten Jahrzehnt des 4. Jh.s durch Kaiser Konstantin errichtet und erreicht eine Höhe von 30 m. Die jetzige Länge beträgt 67 m und die Breite 28 m. Der riesige Innenraum wird von einer prächtigen Kassettendecke überspannt. (April–Okt. Mo.–Sa. 10.00–18.00, So. 12.00–18.00 Uhr; Nov.–März Di.–Sa. 11.00–12.00 und 15.00–16.00, So. 12.00–13.00 Uhr)

KIRCHEN **Dom St. Peter** 08 TOPZIEL ist die älteste Bischofskirche in Deutschland, ein erster Bau ist unter Kaiser Konstantin nachgewiesen. Entscheidend für das heutige Erscheinungsbild des Domes war die Bauperiode von 1038 bis 1078 unter Erzbischof Poppo und dessen Nachfolgern. Die kostbarste Reliquie ist der **Heilige Rock,** die Tunika Christi, die der Überlieferung nach von Kaiserin Helena nach Trier gebracht wurde. (Das Gewand kann aus konservatorischen Gründen nicht öffentlich gezeigt werden.) Vom Hauptmarkt aus sind es nur wenige Meter bis zum von herrschaftlichen Barockbauten umgebenen Domfreihof. Von dort hat man eine eindrucksvolle Sicht auf die Westfassade des ehrwürdigen Trierer Gotteshauses.

Neben dem Dom und baulich mit ihm verbunden erhebt sich der feingliedrige Bau der **Liebfrauenkirche** 09, die seit jeher die Funktion einer Dompfarrkirche ausübt. Sie ist einer der frühesten, in rein gotischen Formen errichteten Kirchenbauten in Deutschland. Errichtet wurde sie mit kurzen Unterbrechungen in drei Phasen zwischen 1235 und 1265, und zwar anstelle der früheren südlichen Doppelbasilika aus konstantinischer Zeit, die im 10. Jh. nach der Zerstörung durch die Normannen 882 teilweise wieder aufgebaut worden war (tgl. 7.30–17.30/18.00 Uhr). Die Marktkirche und Stadtpfarrkirche **St. Gangolf** 10 liegt südlich des Marktplatzes. 958 gab Erzbischof Heinrich I. eine Marktkirche in Auftrag, die zwischen 1284 und 1344 durch einen Neubau ersetzt wurde. Sehenswert ist insbesondere die Innenausstattung, etwa Figuren der Heiligen Michael, Andreas, Katharina und Barbara. Die Abteikirche und Pfarrkirche **St. Matthias** 11 befindet sich im Süden von Trier. Ihren heutigen Namen verdankt sie den Gebeinen des Apostels Matthias, die seit dem 12. Jh. hier aufbewahrt werden.

WEITERES SEHENSWERTES Das heutige **Renaissanceschloss des Kurfürstlichen Palais** 12 wurde zu Beginn des 17. Jh.s unter den Kurfürsten Lothar von Metternich und Philipp von Soetern an die Palastaula angebaut. Bezaubernd ist der Palastgarten mit Nachbildungen barocker Gartenplastiken von Ferdinand Tietz und seinen Schülern. In der Brückenstraße 10, am Rande der heutigen Fußgängerzone, findet der Besucher das **Geburtshaus von Karl Marx** 13. Das Vorderhaus wurde 1727 errichtet und die Fassade 1930/1931 nach altem Vorbild wieder hergerichtet. Heute dient das Haus als Museum (Nov.–März Mo. 14.00–17.00, Di.–So. 10.00 bis 13.00 und 14.00–17.00, April–Okt. tgl. 10.00 bis 18.00 Uhr). Beginnt der Besucher seinen Rundgang durch Trier von der Porta Nigra aus entlang der Fußgängerzone, kommt er auf seinem Weg durch die Simeonstraße an einem frühgotischen Wohnhaus vorbei, dem **„Dreikönigenhaus“** 14. Das Gebäude wurde um 1230 als Wohnturm errichtet. Den Namen hat es von einem Gemälde der Epiphanie, das einst in diesem Haus angebracht war.

Die **Steipe** 15 am Hauptmarkt, Ecke Dietrichstraße, wurde 1483 nach 50-jähriger Bauzeit eingeweiht und hat ihren Namen von den im trierischen Dialekt als „Steipe“ bezeichneten Stützen. Sie war das Repräsentationshaus für Stadtrat und Honoratioren und verfügte über Gesellschaftsräume und Trinkstuben.

Das Haus des Bäckeramtsmeisters und Domsekretärs Johann Wilhelm Polch wird als das **Rote Haus** 16 bezeichnet und ist von Wolfgang Struppeler erbaut. Die wichtigste Inschrift gilt der Sage, dass Trier 1300 Jahre älter sei als Rom, da ein trojanischer Fürstensohn die Stadt gegründet habe. Die Skulptur entstammt der Werkstatt eines Ende des 17. Jh.s in Trier sehr bekannten Bildhauers. Der Turm Jerusalem ist das älteste Gebäude der Baugruppe **„Palais Walderdorff“** 17 und zählt zu den wichtigsten mittelalterlichen Bauwerken in Trier. Der Bau gehörte zur später untergegangenen „Kurie Jerusalem“. Errichtet wurde der Turm Jerusalem im 11. Jahrhundert.

Die Stiftskirche **St. Paulin** 18, im Norden der Stadt gelegen, ist eine Kostbarkeit barocker Architektur. Jenem Bau, den Erzbischof Felix von Trier schon Ende des 4. Jh.s auf dem Gelände hatte errichten lassen, war eine Lebensdauer von mehr als 500 Jahren beschieden. Durch die Truppen Ludwigs XIV. zerstört, wurde die Kirche rasch wieder aufgebaut. Neben dem Altar von Balthasar Neumann ist auch das Tonnengewölbe mit Gemälden von Christoph Thomas Scheffler aus dem Jahr 1743 sehenswert.

MUSEEN

Das moderne **Bischöfliche Dom- und Diözesanmuseum** 19 in der Windstraße war ehemals ein königlich-preußisches Gefängnis und zeigt unter anderem Werke der christlichen Kunst und des religiösen Brauchtums (Tel. 0651/710 52 55, www.bistum-trier.de/museum/, April–Okt. Mo. bis Sa. 9.00–17.00, So. und Feiertag 13.00–17.00, Nov.–März Mo. geschlossen).

Die **Domschatzkammer** 08 zeigt kirchliche Kunst von der Spätantike bis ins 20. Jh., mittelalterliche Handschriften und liturgische Gewänder (Mo.–Sa. April–Okt., Dez. 10.00–17.00, So. ab 12.30 Uhr, Nov.–März 11.00–16.00, So., Mo. ab 12.30 Uhr).

Das größte und unbestritten auch bekannteste der Trierer Museen ist das **Rheinische Landesmuseum** 20. Kaum ein anderes Museum in Deutschland unterrichtet so umfassend über Zivilisation, Wirtschaft, Siedlung, Religion und Kunst der ersten vier Jahrhunderte nach Christus, aber auch über die Kulturgeschichte bis ins 19. Jh. (Weimarer Allee 1, Tel. 0651/977 40, www.landesmuseum-trier.de, Mo.–Fr. 9.30–17.00, Sa., So., Feiertag ab 10.30 Uhr, Nov.–April Mo. geschl.).

Im **Spielzeugmuseum** 21 werden auf zwei Etagen Spielzeugträume vergangener Zeiten gezeigt: Blechspielzeug, Eisenbahnen, Puppen und Puppenstuben, Kaufläden, Teddys, aber auch Dampfmaschinen (Hauptmarkt 14, Tel. 0651/7 58 50, www.spielzeugmuseum-trier.de, Jan.–März Di. bis So. 11.00–17.00, April–Dez. bis 18.00 Uhr).

Direkt neben der Porta Nigra liegt rings um den romantischen Brunnenhof das kürzlich erweiterte

Tipp

Die Tufa

Sie ist das Herz der Trierer Jugend- und Studentenszene, Kulturzentrum, Kneipe, Treffpunkt, Disko, Museum, Forum für unbekannte Musiker oder Stars: die „Tuchfabrik“, in Trier nur kurz unter der Bezeichnung „Tufa“ bekannt.
Wechselstraße 4–6, 54290 Trier,
Tel. 0651/7 18 24 12, www.tufa-trier.de

Stadtmuseum Simeonstift **22**. 1904 wurde es gegründet und entstand aus bedeutenden Vermächtnissen Trierer Bürger im 19. und 20. Jh. (Simeonstraße 55, Tel. 0651/7 18 14 58, www.museum-trier.de, Di.–So. 10.00–18.00 Uhr).
1998 wurde über den Forumthermen das **Museum Thermen am Viehmarkt** **06** mit Zugang zu den Grabungsfunden eröffnet (9.00–17.00 Uhr, am ersten Werktag der Woche geschlossen).

FÜHRUNGEN

Stadtführungen: Geführte Besichtigungen unter verschiedenen Themen und Erlebnisführungen bietet die Tourist-Info. **Domführungen:** April–Okt., Advent tgl. 14.00 Uhr (Dom-Information, Liebfrauenstr. 12, Tel. 0651/979 07 90, www.dom-trier.de). **Stadtrundfahrten:** Kurze und große Rundfahrten bietet die Tourist-Info. Der „Römer-Express" verkehrt darüber hinaus ab der Porta Nigra: April–Okt. tgl. 10.00–18.00 Uhr (35 Min.; alle 25 Min), März, Nov., Dez. 10.00–17.00 Uhr stündl., Jan., Febr. Wochenende 11.00–16.00 Uhr, bei geeigneter Witterung (Tel. 0651/99 35 95 25).

Teil des Domschatzes: Andreas Tragaltar

VERANSTALTUNGEN

THEATER Für Klassikkonzerte, die Antikenfestspiele oder Theatervorführungen empfehlen sich die **Theater der Stadt Trier** (Studio, Großes Haus), Am Augustinerhof, 54290 Trier, Theaterkasse: Tel. 0651/7 18 18 18, Fax 7 18 19 18 18, www.theater-trier.de, telefonische Vorbestellung: Di.–Fr. 9.30–14.00 und 15.30–19.30, Sa. 10.00 bis 12.30, So. 11.00–12.30 Uhr, Mo. Theaterkasse geschlossen. Wer in Trier ein Rockkonzert besuchen will, kommt am **Exzellenzhaus** nicht vorbei. Von Hiphop bis Blues, von Reggae bis Independent, vom Oldie bis Hardcore, von Worldmusic bis zu Avantgardejazz – all das geht über die Bühnen der Veranstaltungsräume des Jugend- und Kulturzentrums. Zurmaiener Straße 114, 54292 Trier, Tel. 0651/251 91, www.exhaus.de

Tipp

Villa Hügel

Der Name ist Programm, denn von der Terrasse aus hat man einen tollen Blick über die Stadt. Morgens gibt es ein üppiges Verwöhn-Frühstück, die Zimmer sind schick, der Service ist perfekt.
Bernhardstr. 14, 54290 Trier,
Tel. 0651/93 71 00,
www.hotel-villa-huegel.de.

KONZERTE Das international renommierte Klassik-Festival an der Mosel findet ab 2008 unter dem Namen **Mosel Musikfestival** statt (Juni bis Okt., www.moselmusikfestival.de).

UMGEBUNG

Im urigen Vorort **Pfalzel,** ca. 6 km moselabwärts gelegen, sind heute noch Mauerreste eines spätrömischen Palasts im Ortskern erhalten; sehenswert auch die gut erhaltenen Überreste der ersten Ummauerung Pfalzels aus dem 14. Jh. Zu den Sehenswürdigkeiten im Ortskern von **Trier-Ehrang** gehören die Pfarrkirche St. Peter, Reste der alten Stadtbefestigung und das sogenannte Milo-Kreuz. Etwa 4 km entfernt von Trier-Ehrang an der Mosel kann man die **Burgruine Ramstein** im Kylltal besichtigen. In der Nähe von Ehrang befinden sich auch die Steinbrüche, denen die Römer das Baumaterial für ihre Bauten in Trier entnommen haben. Das Wahrzeichen von **Schweich,** ca. 13 km nordöstlich von Trier gelegen, und ein Denkmal des historischen Fährbetriebs ist der ehemalige Fährturm, Ende des 18. Jh.s von Kurfürst Clemens Wenzeslaus erbaut. Im Zentrum des Ortes erinnert ein fantasievoll gestalteter Brunnen an den heimatlichen Moseldichter Stefan Andres. Stationen seines Lebens sind hier dargestellt. Die **Molitorsmühle** am Föhrenbach ist als vollständig erhaltene, historische Wassermühle ein Kulturdenkmal und Museum. www.molitorsmuehle.de (Ostern bis Ende Okt. Sa., So., Feiertag 14.00–18.00 Uhr, auch auf Anfrage). In **Longuich-Kirsch,** etwa 15 km nordöstlich von Trier, befindet sich eine römische Villa. In der **Alten Burg** finden im Rittersaal Weinproben und auch zünftige Rittermahle statt (siehe „Savoir vivre").

INFORMATION
Tourist-Information Trier Stadt und Land e.V. (TIT),
An der Porta Nigra (Fußgängerzone),
54290 Trier, Tel. 0651/97 80 80,
www.trier.de

Nicht versäumen!

KULTUR

„Schwarzes Tor"
Das unbestreitbar imposanteste römische Stadttor nördlich der Alpen ist die Porta Nigra. Mächtig erhebt sie sich mit ihren halbrunden Türmen am Nordrand der Altstadt.

TOPZIEL Siehe Nr. **01**

KULTUR

Gewaltige Ausmaße
Die jüngsten der drei römischen Badeanlagen in Trier sind die Kaiserthermen. Caldarium, Frigidarium und die Fußbodenheizung rufen auch heute Staunen hervor.

Siehe Nr. **04**

KULTUR

Mehr als Baugeschichte
Der Dom zählt zu den wichtigsten Werken abendländischer Kirchenbaukunst. Es findet sich in ihm die europäische Kunst- und Kirchengeschichte von der Spätantike bis ins 20. Jahrhundert gespiegelt.

TOPZIEL Siehe Nr. **08**

ERLEBEN

Den Römern ganz nahe
Zum „Geheimnis der Porta Nigra" führt eine Erlebnisführung, eine andere deckt den „Verrat in den Kaiserthermen" auf. Mit Gladiator Valerius durchquert man die Arena, Keller und Kanäle des gewaltigen Amphitheaters.

Siehe **Führungen**

ERLEBEN

Klassische Musik in toller Kulisse
Frühbuchungen empfehlen sich, will man den musikalischen Klängen beim größten und ältesten rheinland-pfälzischen Klassik-Festival lauschen. Auch einem vielfältigen Cross-over verschließt man sich hier nicht.

Siehe **Veranstaltungen**

Handwerk mit goldenem Boden

Sie ist eine Region mit traditionsbewussten Menschen, die Gegend zwischen Saar und Mosel, im Grenzland zu Luxemburg. Seltene alte Handwerksberufe sind hier noch lebendig – etwa die Kunst der Porzellanherstellung und bis vor Kurzem die des Glockengießens. Stolz ist man aber auch auf einige der besten Moselweine, die an den sanften Hängen gedeihen. Kein Wunder, denn schon die Römer bauten hier fruchtigen Elbling an, der heute natürlich perfekt veredelt in den Gläsern schimmert. Und der feine Duft der herrlich prickelnden Riesling-Sekte zeugt vom großen Können der Winzer.

Es war ein spannender Moment in der Glockengießerei Saarburg: ein Geläut aus Bronze entsteht.

01

02

03

04

05

SPECIAL Glockengießerei

Geburt einer Glocke

Es bedarf fundierter Kenntnisse bei der Herstellung, damit eine Glocke letztendlich auch ihrer Aufgabe nachkommen kann – am Beginn stehen „Rippe", Lehmsteine und Holz. Ursprünglich fertigte man die Glocken aus Holzgefäßen oder Fruchtschalen.

Tonnenschwere Kunstwerke

Über 200 Jahre ist es her, dass Friedrich von Schiller sein „Lied von der Glocke" schrieb – und noch heute ist die Entstehung der viele tausend Kilo schweren Kunstwerke so spannend wie 1799. In der traditionellen Art des Glockengießens wird die Form sechs bis acht Wochen in zahlreichen Arbeitsgängen aus Ziegelsteinen, Lehm, Pferdemist und Rinderhaaren hergestellt. Die fertigen Formen, mit Kronen und Windpfeifen versehen, werden in die Gießgrube gestellt und mit Erde und Sand fest eingegraben, sodass nur die Windpfeifen der Kronen hervorragen. Im Ofen ist inzwischen die Legierung aus 78 Prozent Kupfer und 22 Prozent Zinn auf 1100 °Celsius erhitzt worden. Man spürt förmlich die Spannung vor dem Guss. Viel hängt von den wenigen Minuten ab, in denen sich die flüssige Bronze aus dem Ofen ergießt und in die Formen geleitet wird. Schon etwas zurückgebliebene Feuchtigkeit in den Formen kann diese sprengen und alle Arbeit zunichte machen. Zwei bis drei Tage bleiben die Glocken in der Grube, bis sie abgekühlt sind. Bevor eine Glocke die Gießerei verlässt, wird sie mit Stimmgabeln einer genauen Prüfung unterzogen, denn alle Teiltöne der Glocke müssen im Verhältnis zueinander und zu den anderen Glocken eines Geläuts abgestimmt sein.

Kunstvolle Formen für Glocken

Funken stoben. Schwarzer Rauch stieg auf. Zäh wie Honig tropfte der erste rot glühende Brei in die Glockenform im Boden. Grünliche Flammen züngelten empor. Schließlich schlug Metall auf Metall, die Form hatte gehalten. Glücklich darf sich schätzen, wer diesen seltenen Moment erlebte – den Guss einer Glocke in der Traditionsgießerei Mabilon. Noch bis Ende 2002 konnte man diesem Prozess in Saarburg beiwohnen. Hier, an der Obermosel, dem zauberhaften Hügelland zwischen Saar und Mosel, im Grenzland zu Luxemburg und Frankreich, da erfüllt sich das Bonmot vom Handwerk, das noch goldenen Boden hat.

Spitzenwinzer an der Obermosel

Die Winzer beispielsweise – sie verstehen hier enorm viel von ihrem Fach. In Sektkellereien wie der Saarsektkellerei Hausen-Mabilon in Saarburg entstehen oft nach altklassischem, handgerütteltem Verfahren, der „Méthode champenoise", Schaumweine, die zu den besten Deutschlands gehören. Tja, und dann gibt es noch diese Rebe mit dem gewissen Pfiff: Rund um Saarburg gedeiht der beste Elbling des Landes, ein Wein, den schon die Römer kannten. Noch ein wenig spritziger als der Riesling ist dieser Weiße, noch ein wenig

01 *Die römische Villa in Tawern ...*
02 *... mit Ziehbrunnen*
03 *Die Klause von Kastel-Staadt*
04 *Das Amüseum mit Wasserfall in Saarburg*
05 *Altstadt-Idyll in Saarburg*

01

fruchtiger und herrlich trocken, passend für warme Sommertage.

Die Vita an der Haustüre

Stolz auf ihren Berufsstand waren stets die Saarburger. Wer durch die Altstadt schlendert, entdeckt an den kunterbunten Häusern eine Reihe alter Hausmarken. Die Inschriften nennen meist die Anfangsbuchstaben des Erbauers und seiner Ehefrau, Jahreszahl der Fertigstellung und Symbole für den Berufsstand. Motive wie Fische, Anker, Bootshaken und Ruder weisen auf die hier einst ansässigen Schiffer und Fischer hin; in den Stadtmühlen konnten die Müller vom 13. Jahrhundert an mit Wasserkraft mahlen, da man den Leukbach mitten durch Saarburg hindurch geleitet hatte. Von einer kleinen Eisenbrücke aus kann man zusehen, wie die Wassermassen mehr als 20 m über Felskaskaden in die Tiefe stürzen.

Auch die Köche an der Obermosel halten mit ihrem Können nicht hinterm Berg, und so kommen Gourmets auf ihre Kosten, in Saarburg beispielsweise in Restaurants

Gourmets kommen in Saarburg auf ihre Kosten, die Zutaten haben es hier nicht weit.

wie der „Villa Keller“. Die Zutaten haben es hier schließlich nicht weit. Die Käserei in Mannebach zum Beispiel hatte sich sogleich einen Namen für fantastischen Käse aus Kuhrohmilch gemacht, zum Beispiel den „Mannebacher Käse Münster Art“ oder den Bauernkäse. Gleich daneben befindet sich übrigens eine der ehemals kleinsten Brauereien Deutschlands – für alle, die statt Reben- einmal Gerstensaft genießen möchten. Und weil erst die schöne Tafel ein Essen so richtig abrundet, gehören Geschirr und Gläser aus der Manufaktur Villeroy & Boch im nahen Mettlach natürlich dazu.

01 *Keramikmuseum Villeroy & Boch in Mettlach*
02 *Schloss Berg mit Renaissancegarten*
03 *Antike Pracht in der römischen Villa Perl-Borg*

01

02

03

04

05

Das süße Leben der Römer

Schon die Römer wussten an der Obermosel gut zu leben. Kein Wunder, dass sie um 350 in Konz eine prachtvolle Sommerresidenz für ihren Kaiser Valentinian I. bauten und auch im nahen Tawern viele Zeugnisse hinterließen, etwa die Tempelanlage auf dem Metzenberg oder eine komplette Siedlung entlang der Römerstraße, die vom Mittelmeer bis nach Trier führte. Und schon sie pflegten an der Obermosel ein damals seltenes Handwerk: die Ziegelbrennerei. In Nittel-Rehlingen wurde ein Ofen aus dem 2. oder 3. nachchristlichen Jahrhundert ausgegraben, in dem Keuper gebrannt wurde; die Fertigprodukte wurden per Schiff nach Trier gebracht.

Ein Tempel für viele Götter

Welch eine Sensation aber war für die Region Saar-Obermosel die Entdeckung des gallo-römischen Tempelbezirks in Tawern. Unter Leitung der Experten des Rheinischen Landesmuseums Trier wurde er 1986 und 1987 ausgegraben und teilweise rekonstruiert. Funde belegen, dass der Tempel bereits in der ersten Hälfte des 1. Jahrhunderts n. Chr. errichtet und bis ins späte 4. Jahrhundert genutzt wurde. An der Nordwestecke eines Tempels konnte ein einst mehr als 15 m tiefer Brunnen freigelegt werden. Er war mit Inschriftfragmenten, figürlichen Reliefs und dem Kopf einer Statue aus Kalkstein angefüllt. Merkur, der Gott des Gewerbes, des Handels und des Verkehrs war Hauptgott des Tempelbezirks. Von seinem Kultbild stammt der im Brunnen gefundene, leicht überlebensgroße Kalksteinkopf. Ein Weihealtar ist ihm, aber auch dem Licht- und Heilgott Apollo geweiht. Zwei Reliefs zeigen die gallische Pferdegöttin Epona und das ägyptische Götterpaar Isis und Serapis. 392 n. Chr. wurde die Ausübung der heidnischen Kulte von Kaiser Theodosius endgültig verboten. Danach wurden die Tempel zerstört.

Skulpturenweg am Fluss

Künstler haben die Region für sich entdeckt. Eine wohl einmalige Ansammlung von meterhohen Skulpturen findet sich in Wasserliesch, Wellen, Nittel, Wincheringen, Palzem-Wehr und Palzem. Dort sind steinerne Kunstwerke aufgestellt, die im Sommer 2001 von zehn Bildhauern aus Deutschland, Frankreich und Italien geschaffen wurden, etwa eine Himmelsleiter, ein Engel oder zwei Wellen. „Steine am Fluss“ nennt sich dieses Ensemble, das mit den umliegenden Weinbergen und Hängen und den schwarzen Schieferdächern der Häuser zu einem harmonischen Bild zusammenwächst.

01 *Gut Schloss Serrig, stolz über dem Weinberg*
02 *Steine am Fluss: die Himmelsleiter*
03 *Steinerne Skulpturenkunst und Coolness*
04 *Rekonstruktion der römischen Villa in Perl-Borg*

05 *Nahe Orscholz kriegt die Saar die Kurve*

ETTELBRUCK
Mersch
LUXEMBOURG
ECHTERNACH
Naturpark
GREVENMACHER
Wasserliesch
KONZ
Tawern
Wormeldange
SAARBURG
REMICH
Mondorf-les-Bains
Mettlach
MERZIG
Hesperange
Walferdange
Steinsel
Kopstal
Sandweiler
Niederanven
Junglinster
Betzdorf
Trierweiler
Welschbillig
Kordel
Newel
Frisange
Roeser
Bettembourg
DUDELANGE
Cattenom
HETTANGE-GRANDE
THIONVILLE
YUTZ
TERVILLE
UCKANGE
Bertrange
Rehlingen-Siersburg
Kastel-Staadt
Serrig
Freudenburg
Orscholz
01
02
03
04
05
Maßstab 1:200.000
3 km

Zwischen Mosel und Saar

Eine der ältesten und schönsten Höhenburgen Deutschlands thront über der Saar, die Saarburg. Umfassend ist das Angebot für Besucher in der Region Saar-Obermosel, bieten doch das Freilichtmuseum bei Konz, die Glockengießerei und das Amüseum in Saarburg sowie wunderschöne römische Mosaike in Perl reichlich Abwechslung. Zauberhafte Städte, eine Klause, Gärten und nicht zuletzt Anlagen für sportliche Aktivitäten tragen zur Vielfalt bei.

Sie gab einer ganzen Stadt den Namen: die Saarburg

01 KONZ

Konz ist seit vorgeschichtlicher Zeit besiedelt und war Sommerresidenz des römischen Kaisers Valentinian.

SEHENSWERT Die Römer errichteten um ca. 350 in Konz eine **Sommerresidenz** für ihren Kaiser Valentinian I. (364–376). Die erstmals 371 erwähnte Bauanlage hatte Ausmaße von 84 auf 38 m. Nahe der Kirche finden sich noch erhaltene Mauerreste der Apsis des Frigidariums mit Badewanne. Des Weiteren sind Mauerreste in der Kirchenkrypta erhalten sowie ein unter der Kirche liegender Heizgang mit Bedienungsraum.
Eine wechselvolle Geschichte erlebte das **Kloster Karthaus** in Konz-Karthaus: Ursprünglich im Jahr 1331 von Erzbischof Balduin von Luxemburg in Trier, außerhalb der Stadtmauern, errichtet, wurde es im französisch-pfälzischen Krieg 1674 zerstört und nach langer Standortsuche von 1680 bis 1730 nach Plänen des Mainzer Baumeisters Vitus Schneider in Merzlich (heute Konz-Karthaus) wieder aufgebaut. 1794 wurde das Kloster von den französischen Truppen erobert, von den Mönchen verlassen und bald danach von der Säkularisation aufgehoben. Heute steht von der ehemaligen Klosteranlage nur noch der Südflügel.
Die Saar entspringt am 1009 m hohen Donon in Frankreich und mündet, nachdem sie rund 280 km zurückgelegt hat, in Konz in die Mosel. Die **Saarmündung** wird durch eine dreieckige Steinskulptur markiert.

MUSEUM Im **Freilichtmuseum Roscheider Hof** kann man die frühere ländliche Alltagskultur des Dreiländerecks Deutschland-Luxemburg-Lothringen nacherleben. In der Schulausstellung wird demonstriert, unter welchen Verhältnissen die Kinder einer Schulklasse von 1912 lernen mussten. Einen Krämer- und einen Friseurladen gibt es, und das Thema Weinbau kommt auch nicht zu kurz. Des Weiteren gibt es ein Waldmuseum, ein Zinnfiguren- und Spielzeugmuseum, Sonderausstellungen und Aktionstage. In den Gebäudegruppen um den Roscheider Hof sind Häuser und Gehöfte aus dem 19. und frühen 20. Jh. originalgetreu wieder aufgebaut und möbliert. Volkskunde- und Freilichtmuseum Roscheider Hof e.V., 54329 Konz, Tel. 06501/9 27 10, www.roscheiderhof.de. Di.–Fr. 9.00–18.00, Sa., So., Feiertag 10.00–18.00 Uhr).

Tipp

Jakobusweg

Quer durch die Region Saar-Obermosel verläuft der Jakobusweg, eine der großen Pilgerrouten von Trier nach Santiago de Compostela in Nordwestspanien. Sehr reizvoll ist der 45 km lange Abschnitt von Konz nach Perl – vorbei an Attraktionen wie der spätrömischen Villa von Valentinian I., aber auch an imposanten Windrädern auf der ca. 400 m hohen Kammlinie des Saargau, von der aus sich Prachtblicke bieten. Markiert ist der Weg mit Kalksteinquadern, in die eine stilisierte Jakobsmuschel eingelassen ist.
Infos beim Tourismusbüro in Konz

UMGEBUNG In **Wasserliesch** beginnt der Skulpturenweg „Steine am Fluss“, der über Wellen, Nittel, Wincheringen, Palzem-Wehr und Palzem führt und die Werke von internationalen Bildhauerinnen und Bildhauern präsentiert.

INFORMATION
Saar-Obermosel-Touristik, Granastr. 22, 54329 Konz, Tel. 06501/77 90, Fax 47 18, E-Mail: info-konz@saar-obermosel.de

02 TAWERN

Schon der Ortsname verweist auf die römische Gründung: Wo sich heute der hübsche Ort befindet, stand einst eine „taberna“, eine Raststätte mit Umspannstation für Zugtiere.

SEHENSWERT Einen guten Eindruck der gallo-römischen Tempelarchitektur erhält der Besucher in der **Tempelanlage** auf dem Metzenberg in Tawern, 200 m entfernt von der wichtigen römischen Straße, die Trier mit dem Zentrum des Römerreiches verband. Unterhalb des Bergs liegt, im Mannebachtal, der **Vicus,** eine römische Straßensiedlung. Von 1994 bis 1996 wurden die Grundrisse von insgesamt neun Gebäuden zu beiden Seiten der römischen Straße freigelegt, die vom Mittelmeer über Metz und Konz nach Trier führte. Der interessanteste Fund im Vicus ist eine Schmiede, die durch bis zu 50 cm starke Schichten mit extrem hohem Holzkohleanteil, winzigen Eisenpartikeln und Partien angeglühten Bodens sowie zahlreichen Schlackenfunden nachweisbar ist. Dort konnten nicht nur die Reit- und Zugtiere beschlagen werden, vielmehr ist die Produktion eiserner Werkzeuge und Geräte bezeugt. (Regelmäßige Führungen: Mitte Mai–Anfang Okt. So. 14.30–16.30 Uhr.)

INFORMATION
Saar-Obermosel-Touristik, siehe Tourist-Info Konz, Tel. 06501/77 90, Fax 47 18

03 SAARBURG

Saarburg ist quasi ein idyllisch gelegenes Freilichtmuseum. Die Altstadt steht unter Denkmalschutz und wurde seit den 1970er-Jahren bis heute kontinuierlich saniert.

Tipp

Hotel Villa Keller

Großbürgerlichen Charme der Jahrhundertwende strahlt dieses toll gelegene Hotel aus. Von den Zimmern hat man die Unterstadt und die Burgruine Saarburg im Blick; im Biergarten kann man eine zünftige Brotzeit genießen, im stilvollen Restaurant saisonale Köstlichkeiten. Bei Autorenabenden werden edle Menüs serviert.
Brückenstraße 1, 54439 Saarburg,
Tel. 06581/9 29 10, www.villa-keller.de

GESCHICHTE Die Geschichte der Stadt Saarburg beginnt mit der Errichtung der Burg 964 durch Graf Siegfried von Luxemburg. Die Siedlung Saarburg erhielt 1291 durch König Rudolf von Habsburg die Stadtrechte. Aufgrund der Stadtrechtsverleihung und ihrer geografisch und strategisch wichtigen Lage nahm Saarburg bald eine zentrale Stellung an der unteren Saar ein. Während der französischen Zeit (1794–1815) wurde Saarburg Kantonssitz und nach 1815 Kreisstadt im Regierungsbezirk Trier der preußischen Rheinprovinz. Während im Saarburger Land Weinanbau und Landwirtschaft dominierten, blühte in der Stadt Saarburg das Fischerei- und Schifffahrtswesen sowie das Handwerk. Noch im Jahre 1914 besaßen über 80 Saarburger Familien Schiffe. Ehemalige städtische Zünfte weisen auf ein reges Wirtschaftsleben hin.

SEHENSWERT Die hübsche **Altstadt** mit dem nicht zu überhörenden Wasserfall des Leukbaches liegt direkt an der Saar. Den schönsten Blick hat man von einem kleinen Podest am Laurentiusberg. Die bunten **Fischer- und Schifferhäuser** **TOPZIEL** tragen alte Hausmarken mit den Initialen des Erbauers und seiner Ehefrau, der Jahreszahl der Fertigstellung und Symbole für den Berufsstand. In früheren Jahren war die Altstadt stets vom Hochwasser bedroht. Verschiedene Hochwasserstände sind an den Häuserzeilen markiert.
Die Ruine der einst stolzen und mächtigen **Saarburg** ist über einen steil ansteigenden Weg erreichbar. Graf Siegfried von Luxemburg hatte die Feste 964 erbauen lassen, da Saarburg für ihn wichtiger strategischer Stützpunkt im Südosten seiner Besitzungen war. Der Schlossbergring war 137 m lang und bis zu 50 m breit. 107 Stufen führen zum Aussichtsplateau im oberen Teil des Mantelturmes. Der Bergfried – die über 1000-jährige Hauptwehranlage – war nie zerstört. Der Ursprung der **Glockengießerei Mabilon** ist in der französischen Normandie begründet, denn von dort aus wurden auf der Wanderschaft Glocken gegossen. Damals umging man das Problem des Transports der schweren Glocken über weite Strecken und schlechte Wege, indem der Guss gleich bei der Kirche erfolgte. Die erste erhaltene Mabilon'sche Glocke Deutschlands wurde zur Zeit des Dreißigjährigen Krieges 1639 im Sauerland gegossen. Im Jahr 1770 ließ sich Urbanus Mabilon in Saarburg nieder (Staden 130, Mo.–Fr. 10.00–12.00 und 14.00–16.00 Uhr, Infos: Tel. 06581/23 36).

MUSEEN Das **Mühlenmuseum Hackenberger Mühle** zeigt original hergerichtete Mahl- und Werkstuben der eindrucksvollen Wassermühle aus dem 16. Jh. (Staden 6, Di., Mi. 13.00 bis 17.00, Sa., So., Feiertag 11.00–17.00, jeden 2. Fr. (ungerade Kw) 13.00–17.00 Uhr, Führungen nach Vereinbarung). Die ehemalige kurfürstliche Mühle (erbaut 1657) beherbergt heute mit dem **Amüseum** am Wasserfall die Städtische Galerie für zeitgenössische Kunst, das Städtische Museum für traditionelle Saarburger Handwerkerberufe (Drucker, Gerber und andere) und die verschiedensten Wechselausstellungen zu Kunst und Kultur sowie eine Vinothek (Am Markt 29, 54439 Saarburg, Tel. 06581/99 46 42, Mo.–Fr. sowie So. und Feiertag 11.00–16.00 Uhr).

AKTIVITÄTEN Vom Landal Warsberg geht's kurvenreich auf einer **Sommerrodelbahn** über eine 530 m lange Bahn abwärts (Jan.–März, Nov., Dez. nur So. bei schönem Wetter 12.00–17.00, April–Juni, Sept., Okt. Di.–So. 11.00–18.00, auch Mo. innerhalb der Ferienzeit; Juli, Aug. tgl. 11.00 bis 21.00 Uhr). Die **Sesselbahn** verbindet Saarburg mit dem Ferienpark Warsberg.
Startrampen für **Drachenflieger** gibt es in Serrig, „Schöne Aussicht", Geländehalter: Drachenfliegerclub Trier e. V.

Tipp

Bulldog-Museum

Schon die „Location" ist ungewöhnlich: ein selbst gebautes, zweistöckiges Blockhaus. Was Robert und Martina Willkomm im Laufe der Jahrzehnte zusammengetragen haben, kann sich ebenfalls sehen lassen: viele Bulldogtypen der Firma Lanz, Traktoren, bäuerliche Haushaltsgegenstände und Maschinen der 1920er- bis 1950er-Jahre. Wer möchte, kann selbst anpacken – dreschen, Viez (Apfelwein) herstellen oder Brot backen.
Thorner Str. 7, 54439 Kreuzweiler,
Tel. 06583/13 51, www.bulldog-museum-kreuzweiler.de. Mai–Okt. Sa. und jeden 1. So. im Monat 13.00–18.00 Uhr

INFORMATION
Saar-Obermosel-Touristik, Tourist-Information, Graf-Siegfried-Str. 32, 54439 Saarburg, Tel. 06581/99 59 80, www.saar-obermosel-touristik.de, Infos auch im Amüseum (siehe oben)

04 KASTEL-STAADT

Hoch über dem Tal der unteren Saar, auf der Spitze eines vorspringenden Sandsteinfelsens, liegt die Klause von Kastel-Staadt mit faszinierenden Ein- und Ausblicken.

GESCHICHTE Zur Zeit der Kreuzzüge meißelte man in den weichen Buntsandstein ein „Heiliges Grab" ein, daneben Wohn- und Beträume, die an die heiligen Stätten auf dem Berg Golgatha in Jerusalem erinnern sollten. Im Mittelalter lebten hier fromme Einsiedler. Die Klausenkapelle ist im Kern wohl um 1600 entstanden. Nach der Französischen Revolution verfiel der Bau, bis der preußische König Friedrich Wilhelm die seit Langem verlassene Ruine der Klause zu einer Grabkapelle für den böhmischen König Johann von Luxemburg ausbauen ließ. Mit dem Aufbau der Klause beauftragte er den Architekten Karl Friedrich Schinkel, den Leiter der obersten Baubehörde.

SEHENSWERT Es können sowohl die **Schinkel-Klause** als auch die **Höhlen** besichtigt werden. Schinkel gestaltete den Aufbau des Grabmals im Sinne südländisch gestimmter Romantik mit Rundbogenfenstern, Säulenarkaden und einem an italienische Vorbilder erinnernden Glockengiebel. Die Gebeine des böhmischen Königs ruhten in der Klause, bis sie im Jahr 1946 in die Kathedrale in Luxemburg überführt wurden. Bei jüngsten Grabungen wurden Ruinen eines imposanten **römischen Baukomplexes** freigelegt, die archäologischen Untersuchungen werden fortgesetzt.

UMGEBUNG Südlich der kleinen Gemeinde liegt **Mettlach,** dessen Porzellanmanufaktur Villeroy & Boch mittlerweile Weltgeltung für feines Porzellan genießt. Im Erlebniszentrum kann man sich über die Herstellung informieren und Anregungen finden; hier präsentiert Keravision ein Vierteljahrtausend Unternehmensgeschichte; die Erlebniswelt Tischkultur und das Keramikmuseum mit keramischen Schätzen der Sammlungen Villeroy & Boch laden ebenfalls zum Besuch (Villeroy & Boch AG, 66688 Mettlach, Tel. 06864/81 10 20, www.villeroy-boch.de, Mo.–Fr. 9.00–18.00, Sa. ab 9.30 Uhr).

INFORMATION
Saar-Obermosel-Touristik, Tourist-Information, siehe Information Saarburg

05 PERL

Die charmante Moselgemeinde liegt im Dreiländereck zwischen Luxemburg, Frankreich und Deutschland.

SEHENSWERT Das wunderschöne **Palais von Nell** ist ein neunachsiger, zweigeschossiger Bau von 24,30 m Frontlänge mit hohem Mansarddach, 1733 von Johann Marx und seiner Ehefrau Elisabeth Arnoldi (siehe Eisenanker in der Hausfront) als Hofhaus des Trierer Domkapitels errichtet. Es befindet sich heute in Privatbesitz.

UMGEBUNG Im 2. Jh. entstand im Gemeindeteil **Nennig** eine prunkvolle Villa Urbana, die nach der germanischen Besiedlung des Obermoselraumes von fränkischen Fürsten weiter bewohnt war und wahrscheinlich erst bei der Normannenschlacht 882 im Bescher Moselbecken zerstört wurde (Mitte Febr.–Sept. Di.–So. 8.30 bis 12.00 und 13.00–18.00, Okt., Nov. Di.–So. 9.00–11.30 und 13.00–16.30 Uhr. Informationen unter Tel. 06866/13 29).
Sehenswert ist auch der **Renaissancegarten am Schloss & Spielcasino Berg.** Er ist als formaler Knotengarten angelegt. Vorbild waren typische Renaissance-Stickereien. Der ganze Garten ist umfriedet mit Mauern und Hecken, denen eine Bepflanzung unmittelbar vorangestellt ist.
Im Gemeindeteil **Borg** wurde eine Villa Rustica mit Wandelhalle, Badehaus, Wohn- und Wirtschaftsgebäude und römischer Taverne originalgetreu wieder aufgebaut. Die Gärten passen sich wunderbar in das Ambiente dieser rekonstruierten Villenanlage ein. Die harmonisch gestalteten Pläne vermitteln einen Eindruck der Bedeutung des Gartens in der Römerzeit. Eine Audio-Visions-Schau informiert über die Villa wie auch die Ausgrabungen (April–Okt. Di.–So. und Feiertag 11.00–18.00 Uhr, Nov., Dez., Febr.–März Di.–So. und Feiertag 11.00–16.00 Uhr, 66706 Perl-Borg, Tel. 06865/9 11 70, www.villa-borg.de).

Tipp

Luxembourger Weinstraße

Über 42 km sind Deutschland und Luxemburg enge Moselnachbarn. Hüben wie drüben wird insbesondere der Elbling angebaut. Der Muschelkalkboden bringt elegante Weine hervor. Von Perl auf deutscher Seite aus lassen sich die reizvollen Orte und Weinberge auf Luxemburger Seite wunderbar erreichen. In Remich, einer „Perle der Mosel", schlendert man durch schöne, alte Gassen und natürlich über die Esplanade. Auf keltischen und römischen Ursprüngen beruht Stadtbredimus mit seinem beeindruckenden Schloss (15. Jh.). Dem Charme von Grevenmacher schließlich mit seinen Gässchen, den Festungsruinen, aber auch den Kellereien kann sich kaum jemand entziehen.
Infos bei www.die-mosel.de

INFORMATION
*Rathaus Perl, Trierer Straße 28,
66706 Perl, Tel. 06867/660, Fax 6 61 00,
www.perl-mosel.de*

Wie frisch getüncht wirkt die Fassade des wunderschönen Palais von Nell

Nicht versäumen!

KINDER

Wie in alten Zeiten
An Thementagen wie dem Keltertag oder dem Kindertag im Roscheider Hof können die Kleinen Trauben pressen, beim Filzmachen mithelfen oder zuschauen, Brot backen oder zur Musik des Spielmanns Murmeln herstellen.

Siehe Nr. 01

KULTUR

Ein großer Tempelbezirk
Ein 15 m tiefer Brunnen, bei Ausgrabungen auf dem Metzenberg entdeckt, entpuppte sich als wahre Schatzkammer, barg er doch Reliefs, Steine, Architekturteile, eine Münze aus gallo-römischer Zeit.

Siehe Nr. 02

KULTUR

Malerische Stadt
Vor allem die Altstadt Saarburgs mit ihren bunten Häuserzeilen und dem ungewöhnlichen Wasserfall bezaubert Besucher an der Oberen Mosel. Bis 2002 wurden im Ort noch Glocken gegossen.

TOPZIEL Siehe Nr. 03

ERLEBEN

Nicht ohne Jumps
Ob pfeilschnell oder mit der Hand am Bremshebel im Schlitten hinab – die Fahrt vergeht dem Sommerrodler viel zu schnell. Schön, dass man sich für die nächste Fahrt gleich wieder hinaufziehen lassen kann.

Siehe Nr. 03

KULTUR

Beim Pflügen entdeckt
Der herrliche Mosaikfußboden der Villa Urbana in Nennig mit seinen kunstvollen Ornamenten und farbenprächtigen Bildern gilt als der größte und zugleich besterhaltene nördlich der Alpen.

Siehe Nr. 05

GENÜSSE
im Moselland

Weltberühmt ist der Riesling von den steilen Rebhängen der Mosel. Weniger bekannt hingegen sind kulinarische Köstlichkeiten wie Moselaal und Deppekoche oder auch der Weinbergpfirsich. Auf vielen Burgen an den Flussufern lässt sich trefflich speisen.

RIESLING & CO. von den steilsten Hängen

WEIN

Mosel und Wein – seit Jahrtausenden sind die beiden unzertrennlich miteinander verbunden. Nach dem Zweiten Weltkrieg verkamen die einst hoch geschätzten Tropfen von den Ufern der Rheintochter jedoch zum Massenwein. Seit geraumer Zeit erfahren die Mosel-Erzeugnisse indes eine Renaissance und erhalten bei den renommierten Weinkritikern immer wieder hohe Auszeichnungen. Junge, engagierte Weinbauern unterfüttern die Erfahrung und Tradition ihrer Vorfahren mit neuesten Anbau- und Keller-Erkenntnissen. Und setzen wieder auf Klasse statt auf Masse. Viele der „neuen“ Moselwinzer (insgesamt zählt die Region ca. 5000 Weinbauern) produzieren mittlerweile auch ihren eigenen Sekt sowie hochprozentige Trauben-, Hefe- und Tresterbrände.

Genuss aus römischer Zeit

Wer aber pflanzte die allerersten Reben an der Mosel? Da streiten sich die Gelehrten. Einige meinen: die Römer. Die andere Fraktion nennt die Kelten – welche wiederum ihr Wissen von den alten Griechen hatten. Für die zweite Variante spricht,

Nirgendwo auf der Welt gibt es mehr Steillagenweinberge als an der Mosel.

dass die Römer den an der Mosel üblichen Stockanbau nicht betrieben. Auf den griechischen Inseln hingegen ist er bis heute gang und gäbe.

Aus der Römerzeit sind allerdings wichtige Zeugnisse der Weinkultur erhalten – allen voran zahlreiche Kelteranlagen. Eine von ihnen wird beim Kelterfest in Piesport jährlich in Gang gesetzt. Und der (aus Bordeaux stammende) römische Dichter und Staatsbeamte Decimus Magnus Ausonius schwärmte in seinen „Mosella“-Aufzeichnungen aus dem 4. Jh. von „weintragenden Höhen, wo Bacchus lässt reifen schönduftenden Wein“, und schildert „die geschäftigen Winzer, flink bald oben am Gipfel, bald dort, wo der Abhang sich neigt“.

Anbaugebiete

Womit wir bei den verschiedenen Anbaugebieten wären und ihren Charakteristika. Die rund 9000 Hektar Weinbergfläche zwischen Koblenz und Perl, Serrig und Konz, Riveris und dem Trierer Stadtteil Ruwer ist heute in sechs Bereiche aufgeteilt (Untermosel, Mittelmosel, Obermosel, Moseltor, Saar, Ruwertal), in 19 Großlagen und in mehr als 500 Einzellagen. Steil- und Terrassenlagen mit Steigungen von mehr als 30 Prozent machen dabei gut 40 Prozent der gesamten Rebfläche aus. Nirgendwo anders auf der Welt gibt es mehr Steillagenweinberge als an der Mosel. Sie konzentrieren sich vor allem um Cochem, an der sogenannten Terrassenmosel. Ein Superlativ ist die Neigung des Bremmer Calmont. Mit 68 Prozent Steigung ist er der steilste Weinberg weltweit.

WEINBAU VERLANGT STÄNDIGEN EINSATZ

Ausgewählte Weingüter

Abendstimmung über Piesport

Spitzenwinzer Zu den weltbesten Weinerzeugern zählt auch eine Handvoll Moselwinzer, darunter Reinhold Haart in Piesport. Die Weinbergtradition seiner Familie reicht bis ins Jahr 1337 zurück. Bearbeitet werden 7 ha Riesling, ausschließlich in Steillagen. Spezialität ist die breite Auswahl differenzierter fruchtsüßer Weine mit großem Reifepotenzial; sie beeindrucken selbst nach vielen Jahren noch mit großer Frische (www.haart.de).

Exzellente Adresse Zu den besten Weinerzeugern Deutschlands gehört der Karthäuserhof in Trier-Eitelsbach, heute im Besitz von Christoph Tyrell, einem Nachfahren jener Familie, die das mittelalterliche Klostergut im Jahre 1811 ersteigerte. Der Karthäuserhofberg umfasst knapp 19 ha mit mehr als 90 Prozent Rieslingreben. Typisch für diese Weine ist eine mineralische Note, verbunden mit der rebsortencharakteristischen Fruchtbetonung und einem kräftigen Säurerückgrat (www.karthaeuserhof-tyrell.de).

Hohe Qualität Zu den rund 30 guten Weinbauern, die seit Jahren konstant hohe Qualität liefern, zählt u. a. der Bio-Winzer Clemens Busch in Pünderich. Er baut seinen Riesling individuell nach den verschiedenen Bodenarten aus (insges. 9,5 ha). Kritiker bescheinigen ihm unverwechselbare, feine Weine von saftiger Fülle und Schmelz, dicht und enorm konzentriert, mit viel Frucht und Komplexität (www.clemens-busch.de).

Gute Erzeuger Seit 1995 dem ökologischen Weinbau verpflichtet, gehört das Weingut Melsheimer in Reil zu den Betrieben, die verlässlich mehr als das Alltägliche bieten. Eberhard und Thorsten Melsheimer bewirtschaften 10 ha Riesling-Schiefer-Steillagen, der 2005er Melsheimer Riesling Qualitätswein trocken erzielte hohe Auszeichnungen (www.melsheimer-riesling.de).

Die Herkunft der Weinbergnamen

Wieso heißt ein Moselwein Würzgarten, ein anderer Himmelreich oder Sonnenuhr? Welche Wurzeln haben Bezeichnungen wie Kranklay, Doctor, Kröver Nacktarsch? Die mitunter so fantasievoll anmutenden Weinberg- oder Lagenamen dienten von alters her dazu, die oft ohne sichtbare Grenze ineinander verzahnten Weinbergparzellen kenntlich zu machen. Zugrunde liegt den Bezeichnungen zum Beispiel die Bodenbeschaffenheit. „Lay" oder „ley" (von Altgriechisch „läas", Stein) etwa referiert auf den Schieferstein an den Moselhängen. „Krank" ist eine Verballhornung von „grande", also groß. Auch das Aussehen und die Umgebung der Parzellen standen oft Pate bei den Lagennamen. So war es in den Weinbaugemeinden im Mittelalter durchaus üblich, einen Gewürzgarten anzulegen, um Würzweine herzustellen. Und ab dem 16. Jahrhundert ließen die Kirchenvertreter, denen das Privileg der Zeitmessung zukam, riesige Sonnenuhren an den Moselhängen errichten. Sie dienten u. a. zur Stundenabrechnung gegenüber den Fronherren, für die die Weinbauern arbeiteten. Auch dieser Begriff findet sich auf manchem Etikett wieder. Die ungewöhnliche Bezeichnung „Nacktarsch" hat ihren Ursprung wohl im Altdeutschen: „nuck" bedeutet „felsige Erhöhung" und „Arsch" heißt „Hecke". Es kursieren allerdings noch viele Legenden über diesen deftigen Namen. Nicht eindeutig geklärt ist die Herkunft des Namens Doktor, einer Weinlage bei Bernkastel-Kues. Rührt der Name daher, dass der Wein den Erzbischof Boemund II. von Trier 1360 von einem langen Leiden kuriert haben soll? Eine erste urkundliche Erwähnung des „Doctorberges" erfolgte im Jahr 1677. Damals erbte ihn der Geistliche Rat Dr. Heinrich Linden. Belegt ist allerdings, dass König Edward VII. von Großbritannien den Wein dieser Lage als „Medizin" trank.

ÜPPIGE WEINPROBE IM WEINKELLERGEWÖLBE

Rebsorten

Riesling

Mit gut 5000 ha Rebfläche ist er die wichtigste Traube der Region (ca. 60 Prozent des Gesamtanbaus). Die „Königin der weißen Reben" eignet sich besonders gut für die Schiefer-Steillagen der Flusstäler von Mosel, Saar und Ruwer. Aufgrund ihrer sehr langen Reifephase bringt sie besonders fruchtige, mineralische, elegante und langlebige Weine hervor. Die besten Ergebnisse sind trocken und alkoholarm; zudem gibt es exzellente Spätlesen.

Der Riesling wird (ebenso wie der Elbling) auch zu Sekt veredelt. Im traditionellen Flaschengärungsverfahren – wie in der französischen Region Champagne – entstehen nach mindestens neunmonatigem Hefelager Winzersekte. Die Bezeichnung Crémant darf ein deutscher Winzersekt erst dann tragen, wenn der Grundwein aus Ganztraubenpressung mindestens zwölf Monate in der Flasche gereift ist.

Müller-Thurgau (Rivaner)

Rund 15 Prozent der Rebflächen an Mosel, Saar und Ruwer sind mit der auf das Jahr 1882 zurückgehenden, von Dr. Hermann Müller aus dem schweizerischen Thurgau durchgeführten Kreuzung aus Riesling und Silvaner bestückt. Sie ergibt fruchtig-trockene Weine.

Elbling

Im Mittelalter weit verbreitet, ist der Elbling heute in größerer Ausdehnung nur noch auf den Muschelkalkböden der Obermosel (ca. 550 ha) zu finden und ein wenig bei Cochem. Die Elblingtraube ergibt meist trocken ausgebaute, frische, unkomplizierte Trinkweine.

Weitere Weißweinsorten

Hier sind der Weiße Burgunder (ca. 200 ha), der Graue Burgunder (ca. 60 ha) und die Neuzüchtung Bacchus aus Silvaner, Riesling und Müller-Thurgau (ca. 90 ha) zu nennen.

Der Kerner (eine Weißweinrebe aus der Kreuzung von Riesling und der Rotweinsorte Trollinger) wird auf ca. 400 ha an der Mosel angebaut; der Anteil roter Rebsorten – vor allem Blauer Spätburgunder und Dornfelder – liegt inzwischen bei annähernd 800 ha.

Riesling

Müller-Thurgau

Elbling

Dornfelder

AAL TRIFFT WILD *und römische Speisen*

Ursprünglich war das Moselland eine arme Region. Und entsprechend „arm“ war auch die Küche. Ihre Speisen setzten sich zusammen aus dem, was in der Gegend vorhanden war, angebaut, gezüchtet oder sonstwie hergestellt wurde. Der Fluss lieferte Fisch – vor allem Aal und Zander tummelten sich in ihm in riesigen Mengen. In den nahen Wäldern von Hunsrück und Eifel konnte Wild gejagt werden. Kräuter und Pflanzen wuchsen dort ebenso wie an den Hängen der Mosel. Die Eifelbauern hielten sich zudem Ziegen, Lämmer, Rinder und Schweine. Die Tiere wurden häufig auch verwurstet, andere lieferten in erster Linie Milch für würzigen Käse oder Schmand (noch heute heißen die Bürger von Cochem im Volksmund „Schmandelecker“). Auf den Feldern wurden hauptsächlich Kartoffeln, Kohl und Bohnen angebaut; um die Saarmündung gibt es seit alters her auch Obstwiesen, vor allem mit Apfelbäumen. Einfache, nahrhafte Gerichte wurden aus diesen Zutaten bereitet – deftige Kost, um die Mägen den Arbeiter und Helfer im Winzer- und Bauernberuf zu füllen, den man als den zweitschwersten nach dem Bergbau ansah.

Deftiges für den Wingert

Oft war es auch so, dass man das Essen zu Hause vorbereitete und anschließend zur Arbeit unter freiem Himmel mitnehmen konnte. „Schmer“ oder „Schmeere“ (von schmieren, also einen Brotaufstrich herstellen) ist die kalte Variante dieser Wingertspeisen, ebenso wie würzige Kuchen. Beide zählen zu den „Klassikern“ der Straußwirtschaften. Suppen oder Eintöpfe gehören zu den warmen, einfachen Gerichten; desgleichen Aufläufe und andere lang garende bzw. kochende Speisen. Nach dem Schlachten wurden die „armen“ Gerichte (oft nur aus Eiern und Ackerprodukten) manchmal mit Speck, Schinken, Sülze oder Leber- und Blutwurst angereichert. Ähnlich wie der Stern des zu Zeiten Wilhelms II. schon hoch geschätzten Moselriesling sank jedoch auch jener der traditionellen moselländischen Küche Mitte des 20. Jahrhunderts kräftig. Man wollte, wie fast überall, moderner, leichter, internationaler essen – und so kamen Standards wie Schnitzel mit Pommes, Spaghetti oder Salat mit Putenbrust auf die Speisekarten der Gasthöfe. Allmählich aber kehren die traditionsreichen regionalen Rezepturen wieder ins Bewusstsein der Wirte zurück, originalgetreu oder in modernisierter Gestalt. Schon stehen auf manchen Restaurant-Tischen wieder Weinbauernpastete und Winzerbrot (ein Sauerteigbrot aus Weizen- und Roggenmehl mit Wein, Weinlaub, Lauch, Griebenschmalz und Walnusskernen, das ursprünglich im Weinblatt gebacken wurde), munden Reh, Hirsch, Frischling, Kaninchen oder Tresterfleisch. Die andernorts wichtige Weinbergschnecke aber spielt keine große Rolle. Auch heimischer Spargel wird inzwischen angeboten: von einem Bauernhof bei Dieblich.

FRISCHE PLÖTZEN FÜR DIE MOSELKÜCHE

Fisch in seiner ganzen Vielfalt

Zudem werden wieder Rotauge, Wels und Hecht, Bachforelle aus dem Hunsrück und aus der Eifel, ja sogar Flusskrebse und eingelegte bzw. gebackene Moselfische (Plötze) serviert. Auch Moselaal und Moselzander sind dank der guten Wasserqualität des Flusses zurück und erfreuen den Gaumen: der Aal gebacken meist, der Zander vielleicht in der Salzkruste, im Riesling-Blatt oder in einer Riesling-Trauben-Sauce.

Würziger Perserapfel

Ursprünglich beheimatet im Alten China, kam der rote Weinbergpfirsich zunächst über Vorderasien nach Persien; die Römer schließlich brachten die stark bepelzte, kleine rotfleischige Frucht dann nach Italien und Südfrankreich. Vom 16. Jahrhundert an fand der aromatische „Perserapfel“ auch in den klimatisch begünstigten Weinbaugebieten Deutschlands Verbreitung. An der Mosel gehörten die kleinwüchsigen Bäume vor allem in den Steilhanglagen bis in die 1960er-Jahre zum gewohnten Landschaftsbild. Großfruchtigere, süße Pfirsichsorten drängten den harten, würzig-herben Winzling aber mehr und mehr aus dem Markt. Ende der 1990er-Jahre initiierten dann Reinhard Löwenstein vom Weingut Heymann-Löwenstein in Winningen und Hubertus Vallendar aus Kail bei Pommern (www.vallendar.de) die Neuanpflanzung des roten Weinbergpfirsichs in ihrer Heimat. Tausende von Bäumen wurden neu gesetzt.

Äußerst schmackhaft: Weinbergpfirsiche

Die im Frühjahr rosa blühenden Gewächse wirken der Verbuschung der Wingerte und der damit einhergehenden Zerstörung der Weinbergsmauern entgegen und retten so die Artenvielfalt der Steillagenbiotope. Gourmets kommen wieder vermehrt in den Genuss der aus dem Weinbergpfirsich gewonnenen Marmeladen (die sich, fein vermust, auch sehr gut als Basis für Desserts eignen) oder können sich an Riesling-Weinpfirsich-Suppe, am Pfirsich-Chutney oder schlicht an den eingelegten Früchten bzw. einem Likör oder Brand aus ihnen erfreuen.

Regionales

Äppelfleisch Schweineschulter mit Äpfeln und Zwiebeln geschmort, abgeschmeckt mit Moseltrester und Sahne.
Debbekoche/Deppelappes Kuchen aus rohen, geriebenen Kartoffeln, Eiern, Zwiebeln und geräuchertem Bauchspeck (oder klein geschnittenen Mettwürsten), gewürzt mit Muskat. Wird heiß mit Apfelmus gegessen.
Himmel und Erd Ein Gericht aus Kartoffeln, Äpfeln und gebratener Blutwurst.
Hoppel-Poppel Kartoffelpfanne mit Speckstreifen, Zwiebeln, gekochten oder gebratenen Fleischwürfeln, die mit verquirltem Ei übergossen werden. Die gestockte Masse wird mit Schnittlauch, Petersilie und saurer Sahne überzogen.
Kappesmengsel Kartoffeln mit Sauerkraut und Kasseler.
Moselländische Weinsuppe Einfache, stärkende Suppe aus Weißwein, Eigelb, Mehl und Butter und Zimtbrot(würfeln).
Trierer Reibekuchen Kartoffelpfannkuchen mit Kräutern.
Twerdich oder Teerdish Eine trierische Spezialität aus Kartoffelpüree und Sauerkraut (wird miteinander vermischt) und eventuell mit Eisbeinbrühe angereichert.
Weincräwes Kreation aus Schweinerippchen und Sauerkraut, gekocht mit Moselwein, gewürzt mit Zwiebeln und Lorbeer, serviert mit Kartoffelpüree und ausgelassenem Speck.
Winzerpfanne Bratkartoffeln mit gebackener Blutwurst, ursprünglich ein Essen für die Weinbergarbeiter.

Für die Arbeit im Weinberg ist Deftiges angesagt, die Basis sind oft Kartoffeln.

Mit und aus Trauben

Denn der Wein war und ist aus der Küche des Mosellandes natürlich nicht wegzudenken. Es gibt sogar ein ganz spezielles Angebot an „weinigen“ Süßspeisen – Rieslingsabayon etwa oder Trester-Sorbet und Weingelee. Eine weitere Besonderheit ist das goldgelbe, leicht süßlich schmeckende (nur bei Kaltpressung) Weinbeer- und Traubenkernöl, produziert von einem Betrieb in Trittenheim, zu dessen weiteren Spezialitäten unter anderem Traubenkernmehl und -nudeln, Traubenkernsenf und auch Traubenkernpesto zählen (www.vitis-vital.de).

Den Römern nachempfunden

An der Mosel setzen inzwischen mutige Küchenchefs Rezepte um, die alten römischen Speisen nachempfunden wurden – Birnenauflauf etwa oder Aprikosen-Fricassée. Und auch die feine Gourmet-Küche hat im Moselland Einzug gehalten: eine ganze Handvoll Betriebe (in Dreis, Nennig, Olewig, Trittenheim und Büdlicherbrück) darf sich mit hohen und höchsten kulinarischen Auszeichnungen schmücken. Zudem hat die Region schon Ende der 1990er-Jahre ein eigenes Gourmet-Festival ins Leben gerufen (wein-gourmetfestival.com).

TAFELN WIE DIE RITTERSLEUT
und schlemmen im Schloss

Mit gut zwei Dutzend Festungsgemäuern ist das Moselland bis heute eine der burgenreichsten Regionen Europas. Eindrucksvoll thronen die trutzigen Bauwerke auf den steilen Uferhängen zu beiden Seiten des Flusses. Mit ihren Wehrgängen und Aussichtstürmen, den prachtvollen Rittersälen und urigen Kellergewölben künden sie von der Zeit gräflicher Macht und herrschaftlicher Kämpfe. Denn Ruhe im politischen Sinne herrschte an der Mosel selten. Schon die Kelten, dann Römer und die Franken streckten begehrlich die Hand nach der Region im Zentrum Europas aus, bot sie sich doch geradezu als Pforte von West nach Ost an. Früh schon wurden ihre Uferhöhen befestigt, Heerlager und Kastelle errichtet. Besonders auch das 12. Jahrhundert brachte dem Fluss neue, prägnante Architekturen: prächtige Klöster und Abteien, vor allem aber Burgen. Die sind heute, teils liebevoll renoviert, großteils zu besichtigen. Es wird den Besuchern dort einiges geboten.

Burgenromantik an der Untermosel

Auf der Koblenzer Festung Ehrenbreitstein treffen sich kulinarisch das Rheinland und Italien – mit beeindruckender Aussicht auf die Mündung von Rhein und Mosel von der riesigen Sommerterrasse. Für kühlere Tage hält das Café-Restaurant, eingerichtet im Stil früherer Offiziers-Casinos, 60 Plätze bereit, viele davon ebenfalls mit bester Aussicht. Passend zum Festungsambiente hat sich der Küchenchef Gerichte ausgedacht wie „Preußische Kanonenkugeln" (abgeschmelzte Kartoffelklöße, gefüllt mit Frühlingslauch) und serviert zudem die traditionelle Hauptmahlzeit der Familien, die in den Trümmerjahren auf der Feste eine Bleibe fanden: Bratkartoffeln, Champignons und Spiegelei mit gewürztem Sauerrahm. Als Extra gibt es dazu Rostbratwürstchen – alles aus heimischer Produktion (www.ferrari-koblenz.de)
Im Gemäuer der wildromantisch gelegenen Ehrenburg bei Brodenbach kann man sein müdes Haupt auch gleich aufs Kissen betten (5 Zimmer), allerdings in eher rustikalem Stil. Die Küche gibt sich ebenfalls deftig, sowohl beim allsonntäglichen historischen Treiben, wenn die Geschichte der Burg mit Markt und Handwerksvorführungen lebendig wird, als auch im kleinen Restaurant in der Wächterstube im Großen Bastionsturm, wo die Mägde jedoch nur nach Voranmeldung servieren (ab zwei Personen, mindestens eine Woche vorher; www.ehrenburg.de).
Unterhalb der echten Burg Thurant und den Alkener Weinbergen haben Claudia und Peter Kopowski den historischen Charme des alten Gemäuers in der elegant-rustikalen Gaststube, dem Turmstübchen und dem Festsaal bewahrt. Aufgetischt werden unter anderem Moselaal in Dill und Maifelder Entenbrust auf Brombeerjus (www.kopowski.de).

ZÜNFTIG GEHT ES ZU BEIM MAHL IN DER ALTEN BURG LONGUICH

Burgenschmaus erwandert

Vielerorts lässt sich an der Mosel der Burgenbesuch mit einer Wanderung verbinden. So führt etwa der ausgeschilderte Themenweg zwischen Altsteinzeit und jüngster Vergangenheit von Oberfell nach Alken (ca. 6,5 km) und damit auch zur Burg Thurant. Eine ausblickreiche Wanderung über ca. 8 km auf den Moselhöhen bietet der Loretta-Weg von Traben-Trarbach über die Burgruine Grevenburg nach Starkenburg. Facettenreiche Begegnungen mit moselländischer Kultur garantiert ein Ausflug zum Moselkrampen zwischen Ellenz-Polterdorf und Beilstein (ca. 18 km), wo die Burg Metternich lockt.

Der Charme alter Gemäuer

Viele der wehrhaften Bauten präsentieren sich dem heutigen Besucher mittlerweile nicht nur als architektonisches Zeugnis einer jahrhundertealten Geschichte, sondern auch als Stätte der Labsal: Sie bergen ein Restaurant, ein Café, eine Schänke, öffnen den Weinkeller für Degustationen oder richten in ihren Mauern für Gruppen ein zünftiges Rittergelage aus, inzenieren eine mittelalterliche „Gasterey" mit entspre-

TRUTZIG IST DIE BURG THURANT

chenden Speisen, Kostümen und Gaukelei. Die Reichsburg in Cochem zum Beispiel bietet ein solch außergewöhnliches Gelage das ganze Jahr über auch für Einzelpersonen jeweils am Wochenende an (Fr. 19.00, Sa. 18.00 Uhr; Dauer ca. vier Stunden, Voranmeldung erforderlich). Für Kinder gibt es zwischen Mai und Oktober ebenfalls eine kulinarische Besonderheit auf der Reichsburg: das Räuberessen. Es beschließt die „Geisterführung", die zwischen Mai und Oktober jeweils donnerstags um 15.00 Uhr angeboten wird (ab mind. 25 Personen). Darüber hinaus bietet die Burgschänke von März bis November Deftiges, Erfrischendes sowie Kaffee und Kuchen (www.reichsburg-cochem.de).

Schöne Aussichten

In der weithin sichtbar auf einem Felsrücken über dem Moseltal thronenden Burg Metternich bei Beilstein hat es sich die Besitzerfamilie zur Aufgabe gemacht, mittelalterliche Traditionen aufleben zu lassen. Im Restaurant und auf der Terrasse kann man nicht nur von einer großen Auswahl an Kuchen und Torten kosten, sondern auch deftige Moselspezialitäten genießen. Im Sommer ergänzen wöchentliche Grillabende (Termine auf Anfrage) und das österliche Burgfest das Angebot des Familien-Restaurants, das seine Räumlichkeiten von Ostern bis November geöffnet hält (www.burg-metternich.de).

Bei Alf erhebt sich auf einer Bergkuppe, die den Römern bereits als befestigte Grenzstation diente, seit mehr als tausend Jahren die Burg Arras. Von ihrer bewirtschafteten Terrasse bietet sich ein herrlicher Ausblick auf die Landschaft der Mittelmosel. Das Burgrestaurant serviert täglich einheimische Gerichte – und sogar übernachten kann man auf dem „befestigten Hügel" (lat. arrah), denn Arras beherbergt ein luxuriöses Hotel (www.arras.de).

Urig geht es auch zu in der knapp 40 Personen fassenden Burgschänke Ruine Grevenburg auf dem Schlossberg von Traben-Trarbach (geöffnet April–Okt., Tel. 06541/ 65 12), deren Aussichtsterrasse Platz für bis zu 80 Gäste bietet. Sie erstreckt sich zu Füßen des einzig verbliebenen von ursprünglich vier Palasttürmen der mittelalterlichen Grevenburg, vor der noch erhaltenen Westfassade des ehemaligen Kommandantenhauses.

Eine „kleine Gasterey"

Hausgebackenes sowie eine kleine Auswahl rustikaler Speisen hält auch die Familie Mertes bereit, die bereits in der sechsten Generation einen Großteil der Alten Burg von Longuich nahe Trier bewohnt. Landwirtschaft und Viehhaltung fanden Platz auf dem Burg-Areal und die seit 600 Jahren bestehende Weinbautradition der adligen Vorbesitzer wurde weitergeführt. Daher werden hier auch frische Weine aus dem Burgkeller ausgeschenkt, zudem Kellerführungen und Winzeressen angeboten. Freitags oder samstags um 20.00 Uhr kommen angemeldete Gäste im historischen Gesindehaus zudem in den Genuss einer „kleinen Gasterey" (www.alteburg-longuich.de).

Edles in edlen Residenzen

Nicht nur in Burgen und an Burgruinen findet der Moselgast heute Speis und Trank. Auch einige Schlösser der Region verwandelten sich zu kulinarischen Refugien. So beherbergt Triers frühklassizistisches Schloss Monaise, erbaut im Jahre 1780 als Sommerresidenz des Grafen von Walderdorff und inzwischen stilvoll restauriert, das exklusive Restaurant Schloss Monaise. In einem Ambiente unaufdringlicher Eleganz genießt man dort im Erdgeschoss des schneeweißen Baujuwels oder auf seiner Terrasse eine ambitionierte, jahreszeitlich orientierte Küche, klassisch oder regional inspiriert (www.schloss-monaise.de).

In der noblen Renaissance-Atmosphäre von Schloss Berg bei Nenning, nahe Perl, bezaubert Sterne-Koch Christian Bau den

Fantasievoll ist die Küche an der Mosel

Gourmet mit geschmackssicheren Kombinationen wie Angelbarsch mit Blutwurst und Kartoffelstampf oder auch einem Eifler Rehbock, auf dessen Rücken Foie Gras schmilzt, während der begleitende Rehjus mit Kakao und Chili eine subtile Note erhält und die geschmorte, kleingewürfelte Schulter des Tieres als Teigtaschenfüllung verwendet wurde (www.schlossberg-nennig.de).

ANREISE

Mit dem Auto Aus Richtung Norden fährt man nach Koblenz am besten über die A 3 bis zum Dernbacher Dreieck und dann auf die A 48 Richtung Koblenz. Von Süden aus führt die A 61 nach Koblenz. Auch Trier verfügt über gute Anbindungen an das nationale und an das internationale Autobahnnetz; von Süden kommend nehme man die A 62, A 620 via Saarbrücken oder die A 1.

Mit der Bahn Sowohl Koblenz als auch Trier sind an das Intercity-Netz angebunden. So gibt es Direkt- oder auch Umsteigeverbindungen z. B. nach München, Hamburg, Köln oder Hannover. Besonders komfortabel reist es sich mit der CityNight-Line „Donau-Kurier" von Wien und Salzburg kommend über Mannheim, Frankfurt/Main und Mainz (www.citynightline.de). Wer wählen kann: Am schönsten sind übrigens die Strecken von Köln nach Trier durch die Eifel, an der Mosel entlang von Koblenz wie auch die Strecke die Saar entlang von Saarbrücken kommend.

Mit dem Flugzeug Die nächstgelegenen Flughäfen sind Frankfurt/Main, Frankfurt/Hahn, Düsseldorf bzw. Köln/Bonn und Luxemburg. Oft differieren die Preise erheblich, ratsam ist es, die Angebote zu vergleichen.

Mit dem Schiff Man kann die Mosel natürlich auch auf dem Wasserweg bereisen. Wer mit den Schiffen der Köln-Düsseldorfer Rheinschifffahrt AG (Frankenwerft 35, 50667 Köln, Tel. 0221/2 08 83 18) anreist, muss das Schiff in Koblenz wechseln. Von dort gibt es Verbindungen mit der KD nach Cochem (ab etwa Mai bis Anfang Okt.)

AUSKUNFT

Rheinland-Pfalz Tourismus GmbH, Löhrstraße 103–105, 56068 Koblenz, Tel. 0261/91 52 00, www.rlp-info.de
Saar-Obermosel-Touristik, Granastraße 22, 54329 Konz, Tel. 06501/77 90, Fax 06501/47 18; in Saarburg: Graf-Siegfried-Str. 32, 54439 Saarburg, Tel. 06581/99 59 80, Fax 995 98 29, www.saar-obermosel.de
Mosellandtouristik, Kordelweg 1, 54470 Bernkastel-Kues, Tel. 06531/9 73 30, Fax 97 33 33, www.mosellandtouristik.de
Mosel-Saar-Ruwer-Wein e. V., Gartenfeldstraße 12 a, 54295 Trier, Tel. 0651/71 02 80, Fax 454 43, www.msr-wein.de

ESSEN UND TRINKEN

Für den Besucher erschließt sich die regionale Küche, die natürlich längst von vielen Gerichten aus aller Welt überdeckt wird, am ehesten auf den zahllosen Straßenfesten der Mosel. Da die Region einst ausgesprochen arm war, setzen sich typische Speisen aus Pflanzen und Tieren zusammen, die im eigenen Garten bzw. auf dem eigenen Feld angebaut oder im Stall gehalten wurden. Hier findet man die Gründe für die besondere Beliebtheit von Schinken, Sülze, Leber- und Blutwurst – also der Schlachtplatte. Man bekommt aber auch Apfel-Weintorte oder Tresterfleisch, Rind, das beim Brennen von Trester-Maische in der Brennblase gegart wird. Viele der regionaltypischen Speisen erkennt man daran, dass man sie zu Hause vorbereiten und dann zur Arbeit unter freiem Himmel mitnehmen konnte. Auch die Zeiten, als die Wasserqualität das Fischen wenig angeraten sein ließ, sind längst vorbei. (Siehe auch „Savoir vivre").

FREIZEIT MIT KINDERN

Die Mosel ist eine unglaublich vielfältige Region – das Angebot setzt an bei den zahlreichen Burgen, in denen sich viel Interessantes bietet; speziell auf Kinder und Jugendliche ausgerichtet ist etwa manches Programm auf der Ehrenburg, 56332 Brodenbach/Mosel, Tel. 02605/30 77, www.ehrenburg.de. Daneben gibt es Freibäder wie in Kröv und hübsche Spielzeugmuseen, zum Beispiel in Trier am Hauptmarkt 14, Tel. 0651/7 58 50, www.spielzeugmuseum-trier.de, tgl. 11.00 bis 17.00/18.00 Uhr.
Für ältere Kinder wird ein Rundflug über die Mosel ein unvergessliches Erlebnis sein. Zum Beispiel ab dem Mittelmosel Flugplatz Traben-Trarbach Mont Royal (Infos über 06541/10 05); hier werden Mosel-, aber auch z. B. Mosel-Eifel-Rundflüge angeboten. Leise und elegant geht's mit dem Ballon aufwärts, Infos über Mittelmoseltouristik, Gestade 18a, 54470 Bernkastel-Kues, Tel. 06531/30 75; ab Schweich über Ballonreisen Moselland, Im Flürchen 7, Tel. 06502/990 80.

In Neumagen hat Weingenuss eine lange Tradition

> **Tipp**
>
> ### Auf Tour
>
> Kein Besuch an der Mosel wäre perfekt, wenn man nicht wenigstens einmal mit dem Dampfer von einem zum anderen Weinort gefahren wäre – gemächlich bekommt man so nämlich den ganzen Zauber der schönen Flusslandschaft mit. Für eine Tour bieten sich zum Beispiel Dampfer der Gebrüder Kolb in Briedern (Brunnenstraße 4, 56820 Briedern, Tel. 02673/15 15) an oder es geht mit der Flotte der Mosel-Schiffs-Touristik von Bernkastel-Kues an den bekanntesten Weinlagen der Moselberge vorbei (Goldbachstraße 47, Tel. 06531/82 22).

JUGENDHERBERGEN

Entlang der Mosel bieten sich preisgünstige Übernachtungen in einigen Jugendherbergen – es lohnt sich also, den Mitgliedsausweis des Deutschen Jugendherbergswerks mitzunehmen:
Koblenz: Jugendherberge Festung Ehrenbreitstein, Jugendgästehaus Koblenz, 56077 Koblenz, Tel. 0261/97 28 70
Cochem: Moseltal-Jugendherberge, Jugendgästehaus Cochem, Klottener Str. 9, 56812 Cochem, Tel. 02671/86 33
Traben-Trarbach: Mittelmosel-Jugendherberge, Jugendgästehaus Traben-Trarbach, Hirtenpfad 6, 56841 Traben-Trarbach, Tel. 06541/92 78
Bernkastel-Kues: Jugendherberge Bernkastel-Kues, Jugendherbergsstr. 1, 54470 Bernkastel-Kues, Tel. 06531/23 95
Trier: Römerstadt-Jugendherberge Jugendgästehaus Trier, An der Jugendherberge 4, 54292 Trier, Tel. 0651/14 66 20
Saarburg: Jugendherberge Saarburg, Bottelter Str. 8, 54439 Saarburg, Tel. 06581/25 55

MUSEUMSEISENBAHN

Auf einem 1,2 km langen Rundkurs fährt die restaurierte historische Weinbergsbahn aus der Jahrhundertwende in Serrig bei Saarburg durch das dortige Hofgut und vermittelt Einblicke rund um die Wirtschaftsgebäude und in einen Teil der Anbaufläche des landwirtschaftlichen Anwesens. Der Bahnhof ist im Stil eines Schmalspurlokschuppens (um 1890) gehalten; die Bahn war zwischen 1902 und 1915 auf den Weinbergen am

Die Kapellen wurden, wie hier in Kröv, oft in den Wingert direkt hineingebaut.

Serriger Bachtal im Einsatz. Hofgut Serrig, 54455 Serrig, Tel. 06581/9 14 50, www.hofgut-serrig.de.

RESTAURANTS

Von Varta-Experten geprüft; weitere Adressen im „Varta-Führer" (im Buchhandel erhältlich).

Preiskategorien

€€€€	Hauptspeisen	über 14 Euro
€€€	Hauptspeisen	10–14 Euro
€€	Hauptspeisen	7–10 Euro
€	Hauptspeisen	bis 7 Euro

Alken: €€€/€€€€ **Turmgasthaus Burg Thurant,** Moselstr. 15, D-56332 Alken, Tel. 02605/35 81. Ruhetage: Mo., Di. mittags, www.kopowski.de. Ehemalige Halfterstation – heute hübsch renoviertes Lokal mit gradliniger Küche und vorzüglichen „Moseltropfen". Terrasse vorhanden, schöne Aussicht.

Bernkastel-Kues: €€€/€€€€ **Doctor Weinstuben,** Hebegasse 5, D-54470 Bernkastel-Kues, Tel. 06531/9 66 50, www.doctor-weinstuben.de. Sehenswerte historische Ausstattung, urige Atmosphäre mit musealem Charakter. Bürgerliche Karte. Gartenlokal vorhanden.

Cochem: €€€€ **L' Auberge du Vin,** Obergasse 1, D-56812 Cochem, Tel. 02671/39 76. Ruhetag: Mi., www.lohspeicher.de. Zeitgemäße, marktorientierte Auswahl an Gerichten. Angebot, Zubereitung und Service auf hohem Niveau. Gartenlokal vorhanden.

€€€€ **Müllerstube (im Hotel Weißmühle),** Enderttal D-56812 Cochem (außerhalb), Tel. 02671/89 55, www.weissmuehle.de. Naturnahe Lage. Spezialität des Hauses: Frische Forelle aus eigenen Teichen. Terrasse vorhanden.

Dieblich: : €€€€ **Halferschenke,** Hauptstr. 63, D-56332 Dieblich, Tel. 02607/10 08. Ruhetag: Mo., www.halferschenke.de. Heimeliges Bruchsteinhaus mit gemütlichem Flair und gehobener Regionalküche. Terrasse vorhanden.

Kobern-Gondorf: €€€/€€€€ **Landgasthof Alte Mühle,** Mühlental 17, D-56330 Kobern-Gondorf, Tel. 02607/6474, www.thomas-hoereth.de. Historische Mühle aus dem 13. Jahrhundert. Terrasse bzw. Gartenlokal vorhanden.

Koblenz: €/€€ **Wacht am Rhein,** Rheinzollstr. 8, Adenauer-Ufer, D-56068 Koblenz, Tel. 0261/15313, www.wacht-am-rhein.de. Aus den Gaststuben herrlicher Blick auf Fluss und Festung Ehrenbreitstein. Terrasse vorhanden. Gut und günstig.

€/€€ **Café Baumann,** Obere Löhr 93, D-56068 Koblenz, Tel. 0261/3 14 33. Stilvoll-gepflegtes Café mit sehr guter Kuchen- und Tortenauswahl. Terrasse vorhanden.

€€/€€€ **Clemens,** Rheinsteinufer 1, D-56077 Koblenz/Ehrenbreitstein, Tel. 0261/ 9 70 70, www.diehls-hotel.de. Das gediegen-elegant eingerichtete Hotelrestaurant mit Blick auf die Mosel bietet ein vielseitiges, internationales Speiseangebot.

Saarburg: €€€€ **Saarburger Hof Diewald,** Graf-Siegfried-Str. 37, D-54439 Saarburg, Tel. 06581/9 28 00. Ruhetag: Mo., www.saarburger-hof.de. Sehr gute Küche, aufmerksamer Service und ausgewogenes Preis-Leistungs-Verhältnis. Terrasse vorhanden.

Traben-Trarbach: €€€€ **Clauss-Feist (im Hotel Bellevue),** Am Moselufer, D-56841 Traben-Trarbach/Traben, Tel. 06541/70 30, www.bellevue-hotel.de. Jugendstilrestaurant mit beachtenswerter Küche. Terrasse vorhanden.

Daten und Fakten

Natur und Geografie: Die Mosel, der größte und wasserreichste Nebenfluss des Rheins, entspringt in den Vogesen, fließt durch das Lothringer Stufenland bis Toul, dann via Metz und Thionville in Richtung Deutschland. Wenn die Mosel bei Perl deutschen Boden erreicht, fließt sie zuerst einmal als Grenze des Saarlandes. 238 km durchströmt die Mosel deutsches Gebiet bis zur Mündung in den Rhein bei Koblenz. Auffallend sind die Krümmungen – teilweise legt der Fluss 180-Grad-Mäandrierungen zurück. Ein jährlich oft wiederkehrendes Problem ist das Moselhochwasser, das selbst nach der Flussregulierung kaum zu bändigen ist, denn die Mosel hat ein Wassereinzugsgebiet von rund 28 000 km^2.
Klima: Das milde Klima im schützenden Windschatten der Eifel sowie die zusätzliche Heizwirkung des Schieferbodens bescheren dem Moseltal warme, nicht allzu feuchte Sommer und zumeist schneearme, laue Winter. Strenge Fröste sind, insbesondere im Tal, eher selten. Die jährliche Durchschnittstemperatur an der Mittelmosel liegt bei ca. 8 – 10 °C.
Bevölkerung: Der Alltag in den kleinen, beschaulichen Weinorten an der Mosel ist geprägt vom Weinbau, von der Rückbesinnung auf Folklore und Traditionen, vom Kalender der örtlichen Vereine und vor allem den Weinfesten. Dabei wird oft noch der moselfränkische Dialekt gesprochen. Das Moselland ist überwiegend katholisch und von der langen Herrschaft der Trierer Erzbischöfe geprägt. Städtische Zentren sind Koblenz und Trier.
Wirtschaft: Die Moselregion ist stark mittelständisch geprägt, kleine Handwerksbetriebe und Winzereien bilden, neben dem Tourismus, das Rückgrat der Region. Zahllose Menschen, die in der Region Trier wohnen, konnten im benachbarten Luxemburg einen Arbeitsplatz finden, was die Arbeitslosenquoten unter den Landesdurchschnitt drückte. Die kleinen und mittleren Winzerbetriebe kämpfen zurzeit allerdings gegen die zunehmende Konkurrenz und den Preisdruck aus dem Ausland; zudem sinken die Förderungen für den kostenintensiven Steillagen-Anbau ständig. Angesichts der angespannten Situation im Mittelstand erweist es sich als Segen, dass sich in den vergangenen Jahrzehnten auch einige größere Konzerne der Nahrungsmittel- und Tabakindustrie und der Automobilzulieferer in der Region niedergelassen haben.

Trier: €€€€ **Pfeffermühle,** Zurlaubener Ufer 76, D-54292 Trier, Tel. 0651/2 61 33. Ruhetage: So., Mo. mittags. Winkliges Eckhaus aus dem 18. Jh., in dem einst Moselfischer wohnten. Heute gepflegte Tischkultur und geschmackvolle französische Küche. Terrasse vorhanden.

€€€€ **Bagatelle,** Zurlaubener Ufer 78, D-54292 Trier, Tel. 0651/2 97 22. Lockere Bistroatmosphäre, nette Aussichts-Terrasse am Moselufer.

€€€€ **Schloss Monaise,** Schloss Monaise 7, D-54294 Trier/Zewen (außerhalb), Tel. 0651/82 86 70. Ruhetag: Mo., www.schloss-monaise.de. Klassizistisches Schlösschen mit moderner Einrichtung und schönem Gartenlokal.

Trittenheim: €€€€ **Wein- und Tafelhaus,** Moselpromenade 4, D-54349 Trittenheim, Tel. 06507/70 28 03. Ruhetage: Mo., Di. Regional-mediterrane Küche, Weinkarte mit ca. 100 Positionen.

Ürzig: €€€€ **Weinhaus Moselschild (im Hotel Moselschild),** Moselufer 14, D-54539 Ürzig, Tel. 06532/9 39 30, www.moselschild.de. Verfeinerte Regionalgerichte, Aussichtsterrasse.

SPORT UND FREIZEIT

Wer glaubt, die Mosel sei nur eine Region für Erholungssuchende, der täuscht sich gründlich. Das Sportangebot reicht vom Alpinklettern am Klettersteig Calmont bis zur Wildwasser-Tour bei Irrel.

Angeln Für Angler gibt es Erlaubnisscheine gegen Gebühr bei vielen Tourist-Informationen. Hechte, Barben, Döbel, Brassen, Karpfen, Rotaugen, Forellen, Schleide oder auch Aale sind nun wieder reichlich vorhanden.

Baden Unbedingte Vorsicht ist geraten beim Bad in der Mosel. Der Fluss wird leicht unterschätzt. Erfrischung bieten in der wärmeren Jahreszeit da eher die Freibäder, die am Ufer zum Sprung ins kühle Nass laden, so u. a.das „Moselbad“ in Bernkastel-Kues, das „Panoramabad“ in Leiwen, das seinem Namen alle Ehre macht, oder auch das Freibad „Arrastal“ am Fuße der Burg Arras.

Flugsport Wer ein Faible für den Flugsport hat, kann in Winningen, Hahn im Hunsrück, Trarbach, Neumagen-Dhron, Föhren-Hetzerath und Konz-Könen abheben. Fallschirmspringen gibt es ab dem Flugplatz Föhren, Info beim Fallschirmsportclub in Trier, Tel. 06502/49 99. Drachenfliegen bzw. Paragleiten wird unter anderem in Mehring, Ockfen oder auch in Zeltingen angeboten (Infos unter anderem bei dem Drachenfliegerclub Trier e. V., 06502/30 60), Infos zum Gleitschirmfliegen gibt es zum Beispiel bei den Moselfalken (www.moselfalken.de).

Golf Der gepflegte Golfplatz zwischen Ensch und Bekond (Autobahnabfahrt A 48) nahe Trier breitet sich auf leicht hügeligem Gelände, eingerahmt von Wäldern und Weinbergen, in einem Seitental der Mosel aus. Die abwechslungsreichen und teilweise sehr anspruchsvollen Golfbahnen fordern Anfänger wie auch Fortgeschrittene (Info: Golf Club Trier e.V., 54340 Ensch-Birkenheck, Tel. 06507/99 32 55, www.golf-club-trier.de).

Reiten Die herrliche wald- und wiesenreiche Landschaft des Moseltals eignet sich hervorragend für diverse Ausritte; etwa ab/bis Reiterhof Cusanus Hofgut auf dem Kueser Plateau in Bernkastel-Kues, Tel. 06531/77 90. Die Seen der Umgebung bieten zudem Segel- und Surfmöglichkeiten, etwa der Laacher See oder das Pulvermaar bei Gillenfeld, das größte Maar der Eifel.

Wassersport Auch Wasserskifahren ist an vielen Stellen möglich. Zwei große Wasserskistrecken grenzen zum Beispiel an den Ort Bullay: die 1,8 km lange Strecke zwischen Bullay und Neef moselabwärts und oberhalb der Eisenbahnbrücke

Straußwirtschaft in Ediger-Eller

Geschichte

um 500 v. Chr. Der keltische Stamm der Treverer besiedelt das Moseltal; entwickelt eine hohe Kultur, von der u. a. Hügelgräber zeugen.

55–53 v. Chr. Cäsar erobert im gallischen Krieg das Land der Treverer, kann jedoch die rechtsrheinischen Germanenstämme nicht unterwerfen.

16 v. Chr. Gründung der Stadt Augusta Treverorum (Trier) unter Kaiser Augustus.

9/8 v. Chr. Ein erstes Auxiliarkastell entsteht ad confluentes, am Zusammenfluss von Rhein und Mosel, Grundstein des späteren Koblenz.

70 n. Chr. Bau des Limes-Grenzwalls zu Germanien.

180 n. Chr. Die Porta Nigra in Trier wird gebaut. In den beiden folgenden Jahrhunderten erlebt die Stadt eine enorme Blüte und hat bis zu 70 000 Einwohner.

278 Beginn des Weinbaus an der Mosel.

305–324 Konstantin lässt Trier, bereits Kaiserresidenz, als „Hauptstadt des Römischen Westreichs“ ausbauen.

475 Das Moselland fällt an die Franken.

496 Mit dem Sieg des Frankenkönigs Chlodwig über die Alemannen und dessen Übertritt zum Christentum wird auch das Moselland christlich.

um 639 Frankenkönig Dagobert stiftet die ersten großen linksrheinischen Klöster.

842 Mit dem in Verdun besiegelten Teilungsvertrag fällt das Moselland an Lothringen.

882 Die Wikinger suchen die Moselregion heim und zerstören Trier.

925 König Heinrich I. gliedert das Rhein-Mosel-Gebiet endgültig dem ostfränkisch-deutschen Reich an.

975 Aufschwung Triers zum kirchlichen Machtzentrum.

1196 Der Ausbau des Trierer Doms ist abgeschlossen.

1307–1354 Blüte des Erzbistums Trier.

1522 Franz von Sickingen scheitert mit seinem Versuch, Trier zur Reformation zu führen.

1590 Der Hexenwahn erreicht einen Höhepunkt im Moselland.

1687–1689 Im Pfälzischen Erbfolgekrieg verwüsten die französischen Truppen viele der Burgen und Moselschlösser sowie ganze Dörfer an der Mosel.

1794 Rückkehr der Franzosen: Trier ist besetzt, drei Jahre später soll das linksrheinische Gebiet ein Teil Frankreichs werden.

1815 Das Rheinland wird preußisch.

1842 Karl Marx geht, nach einem Pressestreit mit der Regierung, ins Exil.

1892–1903 Blütezeit des Weinbaus an der Mosel.

1945 Die USA übergeben das stark zerstörte Moselland an Frankreich.

1946/1947 Peter Altmeier (CDU) wird erster Ministerpräsident des neuen Bundeslands Rheinland-Pfalz.

1957–1964 Ausbau der Mosel zum Großschifffahrtsweg mit Schleusen.

1993/1994 Die Mosel erlebt das schlimmste Hochwasser seit 1784.

2002 Viele Winzer befürchten, dass durch die massive Kürzung von Steillagenanbau-Fördermitteln durch die Landesregierung viele Betriebe ganz schließen müssen.

2008 Die Mosel Festwochen finden unter neuem Namen statt: Mosel Musikfestival.

die größere, 2,4 km lange Strecke, die am Ortsanfang von Merl endet. Immer beliebter sind zudem Kanutouren, teils in Paddelbooten, teils in professionellen Indianer-Kanus, die vor Ort gebucht werden können. Kanus verleiht auch der „Fun Beach" in Schoden nördl. von Saarburg.

UNTERKUNFT

Von Varta-Experten geprüft; weitere Adressen im „Varta-Führer" (im Buchhandel erhältlich).

Preiskategorien

€€€€	Doppelzimmer	über 300 Euro
€€€	Doppelzimmer	150–300 Euro
€€	Doppelzimmer	90–150 Euro
€	Doppelzimmer	30– 90 Euro

Fachwerkzauber und vorweihnachtlicher Lichterglanz mischen sich in Bernkastel-Kues.

Bernkastel-Kues: € **Kölchens,** Meisenweg 1, 54470 D-Bernkastel-Kues/Kueser Plateau, Tel. 06531/50 03 90, Fax 500 39 30, www.hotel-koelchens.de. Vorhanden sind auch Ferienwohnungen und 6 Appartements. 13 Zimmer, die meisten sind mit Balkon.

€€/€€€ **Moselpark Eventresort,** Im Kurpark, D-54470 D-Bernkastel-Kues/Kues, Tel. 06531/50 80, Fax 50 86 12, www.moselpark.de. Modernes Tagungs-, Ferien- und Sporthotel mit angeschlossener Mosellandhalle. 6 Tennisplätze, Fitnessraum, 2 Kegelbahnen, Sauna, Solarium, hoteleigenes Hallenbad, 98 Zimmer (davon sind 61 Nichtraucherzimmer), 33 Appartements, 12 Suiten.

Cochem: €€ **Hotel Thul,** Brauselaystr. 27, D-56812 Cochem/Cond, Tel. 02671/91 41 50, Fax 91 41 51 44, www.hotel-thul.de. Direkt an Weinbergen, Wald und dem schönsten Panorama-Spazierweg von Cochem gelegen. Fitnessraum, Sauna, Solarium, 23 Zimmer (davon 14 Nichtraucherzimmer).

€€/€ **Hotel Noss,** Moselpromenade 17, D-56812 Cochem, Tel. 02671/36 12, Fax 53 66, www.hotel-noss.de. Traditionsreiches Haus mit behaglich-familiärer Atmosphäre. 31 Zimmer.

Enkirch: € **Neumühle,** Großbachtal 29, D-56850 Enkirch an der Mosel, Tel. 06541/8 14 20, Fax 8 14 21 99, www.neumuehle-enkirch.de. Familienfreundliches Haus mit idyllischer Gartenanlage. 50 Zimmer.

Koblenz: € **Trierer Hof Garni,** Clemensstr. 1, D-56068 Koblenz, Tel. 0261/1 00 60, Fax 0261/1 00 61 00, www.triererhof.de. Unter Denkmalschutz stehendes Haus, das sich seit 1986 im Familienbesitz befindet. 36 Zimmer (davon 18 Nichtraucherzimmer), 1 App.

€ **Fährhaus am Stausee,** An der Fähre 3, D-56072 Koblenz/Metternich, Tel. 0261/92 72 90, Fax 92 72 990, www.faehrhaus-am-stausee.de. Zauberhafte Lage an der Mosel, ruhige Zimmer mit Ausblick. 20 Zimmer.

€€/€€€ **Mercure,** Julius-Wegeler-Str. 6, D-56068 Koblenz, Tel. 0261/13 60, Fax 1 36 11 99, www.accorhotel.com. Zentrale Innenstadtlage am Rheinufer mit direktem Zugang zum Rhein-Mosel-Kongresszentrum. Sauna, Whirlpool, 167 Zimmer (davon 144 Nichtraucherzimmer).

Mayen: € **Maifelder-Hof,** Polcher Straße 72, D-56727 Mayen, Tel. 02651/9 60 40, Fax 7 65 58, www.maifelder-hof.de. Zeitgemäße Gästezimmer in 2 verschiedenen Kategorien stehen zur Verfügung. 12 Zimmer.

Perl: €€/€€€ **Victor's Residenz Hotel Schloss Berg,** Schlosshof 9, D-66706 Perl/Nennig, Tel. 06866/7 90, Fax 7 91 00, www.victors.de. Beachtenswertes Hotel mit exklusiv eingerichteten Gästezimmern und einem ansprechenden Beauty- und Wellnessbereich. Fitnessraum, Sauna, Solarium,113 Zimmer (davon 59 Nichtraucherzimmer), 21 Suiten.

Piesport: €/€€ **Winzerhof Garni,** Bahnhofstr. 8a, D-54498 Piesport, Tel. 06507/9 25 20, Fax 92 52 52, www.hotel-winzerhof-piesport.de. Spezielle Angebote wie Winzerhof-Arrangement, Gourmet-Wochenende oder Weinwoche. 12 Zimmer (davon 4 Nichtraucherzimmer).

Saarburg: € **Saar Galerie,** Heckingstr. 12–14, D-54439 Saarburg, Tel. 06581/9 29 60, Fax 9 26 50, www.hotel-saar-galerie.de. Nichtraucher- und Allergikerzimmer sowie behinderten- und rollstuhlgerechte Gästezimmer vorhanden. 33 Zimmer (davon sind 25 Nichtraucherzimmer).

Traben-Trarbach: € **Park-Hotel,** Enkircher Str. 1–3, D-56841 Traben-Trarbach/Trarbach, Tel. 06541/81 17 40, Fax 81 17 41, www.parkhotel-traben-trarbach.de. Am Trarbacher Moselufer gelegen, nur wenige Schritte vom Stadtzentrum entfernt. 28 Zimmer. Bad oder Dusche, WC, Telefon, Modem/Fax-Anschluss.

€€/€€€ **Romantik Jugendstilhotel Bellevue,** Am Moselufer, D-56841 Traben-Trarbach/Traben, Tel. 06541/70 30, Fax 70 34 00, www.bellevue-hotel.de. Beachtenswerte Architektur bzw. Einrichtung, Gästezimmer sind teilweise mit original Jugendstilinterieur eingerichtet. Sauna, Solarium, hoteleigenes Hallenbad. 26 Zimmer (davon 23 Nichtraucherzimmer), 27 Appartements, 15 Suiten.

Treis-Karden: €/€€ **Schloss-Hotel Petry,** St.-Castor-Str. 80, D-56253 Treis-Karden/Karden, Tel. 02672/93 40, Fax 93 44 40, www.schloss-hotel-petry.de. Großzügig angelegte Hotelanlage mit 4 zusammenhängenden Häusern. Fitnessraum, 1 Kegelbahn, Sauna, Solarium. 74 Zimmer (davon 11 Nichtraucherzimmer).

Trier: €€ **Casa Chiara Garni,** Engelstr. 8, D-54292 Trier, Tel. 0651/27 07 30, Fax 2 78 81, www.casa-chiara.de. Stilvolle und gepflegte Unterkunft in italienischem Design. 20 Zimmer (davon 8 Nichtraucherzimmer), 1 Suite.

€€/€€€ **Mercure Porta Nigra,** Porta-Nigra-Platz 1, D-54292 Trier, Tel. 0651/2 70 10, Fax 2 70 11 70, www.mercure.com. Modernes Stadthotel mit Bar und Spielbank im Haus. 104 Zimmer (davon 35 Nichtraucherzimmer), 2 Suiten.

Wintrich: € **Weinhaus Simon,** Am Martinergarten 3, D-54487 Wintrich, Tel. 06534/664, Fax 1 81 49. Kleines Hotel, sehr gepflegt und gut geführt mit ausgesprochen wohnlichem Ambiente. 13 Zimmer.

Zeltingen-Rachtig: €/€€ **St. Stephanus,** Uferallee 9, D-54492 Zeltingen-Rachtig/Zeltingen, Tel. 06532/6 80, Fax 6 84 20, www.hotel-stephanus.de. Ehemals klassizistisches Herrenhaus mit attraktivem Anbau. Sauna, Solarium, hoteleigenes Hallenbad. 47 Zimmer (davon 16 Nichtraucherzimmer).

WANDERN UND RADFAHREN

Zwischen Koblenz und Palzem verläuft, über rund 224 km, der **Moselhöhenweg,** der durch ein weißes „M" markiert ist. Die Route führt auf beiden Seiten der Mosel sowohl durch den Hunsrück als auch durch die Eifel, nicht immer allerdings entlang dem Fluss. Höhepunkte der einzelnen Etappen sind die zahlreichen Burgen und Burgruinen an der Mosel sowie herrliche Aussichtspunkte auf das windungsreiche Moseltal und die romantischen Moselorte.
Die **Mosel.Erlebnis.Route** macht es möglich, beim Wandern oder Klettern gleich Wissenswertes über Flora und Fauna zu erfahren oder das Sportliche mit dem Kulturellen zu verbinden. Themen- und Kulturwege lassen Wandern an der Mosel zu einem besonderen Erlebnis werden (www.mosel-erlebnis-route.de).

Hoch hinauf geht's am Bremmer Calmont

Für Jung und Alt geeignet ist der **Moselradweg,** der ebenfalls durch ein weißes „M" gekennzeichnet ist. Die Streckenlänge beträgt 238 km, woraus sich bei durchschnittlicher Fitness eine Fahrzeit von drei bis vier Tagen errechnet. Der Weg führt vorwiegend über eigene asphaltierte Radtrassen entlang der Mosel, zudem aber auch über Seitenstreifen und Wirtschaftswege, teilweise beidseitig der Mosel. Die letzten – oder ersten – Kilometer ab/bis Koblenz verläuft der Radweg neben der Bundesstraße. Es gibt keine nennenswerte Steigungen. Der Radweg ist mittlerweile sehr beliebt; die beste Reisezeit liegt daher außerhalb der Ferienzeiten. Mai und Juni sind geeignete Monate. Bei der Moselland-Touristik (s. o., Auskunft) gibt es einen übersichtlich aufgemachten Mosel-Radwanderführer.
Zwischenstart oder -ziel der Fahrt mit dem **Mountainbike** durchs Zeller Land ist der Ort Senheim, in dem sich auch ein Weinmuseum befindet. Gestartet wird im Ort Neef, und dann geht es über 18 km durch die ansprechende Landschaft. Viele Informationen rund um das Radfahren bietet www.moselland-radtouren.de.

Fette Ziffern verweisen auf Abbildungen.

IMPRESSUM

3. Auflage 2008 (aktualisiert und neu gestaltet)

Verlag: HB Verlag, Marco-Polo-Straße 1, 73760 Ostfildern, Postfach 3151, 73751 Ostfildern, Tel. 0711/4502-0, Fax 0711/4502-135, www.hb-verlag.de, info@bildatlas.de
Geschäftsführer: Dr. Thomas Brinkmann, Dr. Stephanie Mair-Huydts
Chefredaktion und Programmleitung: Rainer Eisenschmid, Birgit Borowski
Aktualisierung und Redaktion 2008: Konzeption & Redaktion, Leinfelden-Echterdingen
Text: Wolfgang Veit, München
Savoir vivre: Rita Henß, Frankfurt a M.
Exklusiv-Fotografie: Rainer Hackenberg, Köln
Zusätzliches Bildmaterial: laif: Zanettini (S. 106 o.); mauritius images: Fritz Mader (S. 50 u.), Hans-Peter Merten (S. 94 u. re.); Stockfood: Mick Rock Cephas (S. 105 u.; S. 106 u., 2. v. li.), Frank Croes (S. 111 u.), Feig/Feig (S. 104), Hendrik Holler (S. 106 u., 2 v. re. und re.; S. 107), Ulrich Kerth (S. 105 o.), Hans-Peter Siffert (S. 106 u. li.), Martina Schindler (S. 108 u.), Thom DeSanto (S. 109), Vladimir Shulevsky (S. 108 o.)
Titelbild: mauritius images: Jeff O'Brien (Moselschleife)
Textquellen: Johann Wolfgang von Goethe, aus: Goethes Werke, Hamburger Ausgabe, hrsg. von Erich Trunz, Bd. 9, S. 557 (S. 21); aus: Das Herbstbuch, hrsg. von Hans Bender, Frankfurt a. M. 1982, S. 77 (S. 46)
Grafische Konzeption, Art Direktion: fpm factor product münchen
Layout: Cyclus · Visuelle Kommunikation
Kartografie: © MAIRDUMONT GmbH & Co. KG, Ostfildern
HB Bildatlas Fotoservice: HB Verlag, Marco-Polo-Straße 1, 73760 Ostfildern, Tel. 0711/4502-266, Fax 0711/4502-1006, a.nebel@mairdumont.com

Anzeigenvermarktung: MAIRDUMONT MEDIA, Tel. 0711/4502333, Fax 0711/45021012, media@mairdumont.com, http://media.mairdumont.com
Vertrieb Zeitschriftenhandel: PARTNER Medienservices GmbH, Postfach 810420, 70521 Stuttgart, Tel. 0711/7252-227, Fax 0711/7252-310
Vertrieb Abonnement: Zenit Pressevertrieb GmbH, Postfach 810640, 70523 Stuttgart, Tel. 0711/7252-265, Fax 0711/7252-333, hbverlag@zenit-presse.de
Vertrieb Buchhandel und Einzelhefte: MAIRDUMONT GmbH & Co KG, Marco-Polo-Straße 1, 73760 Ostfildern, Tel. 0711/4502-0, Fax 0711/4502-340
Reproduktionen: Otterbach Medien KG GmbH & Co., Rastatt
Druck und buchbinderische Verarbeitung: Neef + Stumme GmbH & Co. KG, Wittingen
Printed in Germany

Anzeigen

Moseltreffpunkt Traben-Trarbach – Stilvoll urlauben und erleben!

Traben-Trarbach - die Weinstadt mit (Jugend-)Stil bietet eine der schönsten Uferpromenaden der Mosel mit prachtvollen Jugendstilbauten und lädt Sie zu einem unvergesslichen Urlaub ein. Hier gibt es Vieles zu entdecken:

- gastfreundliche und serviceorientierte Hotels, Gasthäuser oder Pensionen
- ausgesuchte Restaurants und gemütliche Cafés
- Weinproben und Kellerbesichtigungen in urigen Weingütern
- Bummeln und Shoppen in attraktiven Geschäften
- Wellness-Oase und Thermalbad „Moseltherme“
- Museums-Zeile mit Mittelmosel-Museum und Haus der Ikonen
- Hochseil-Klettergarten „Mosel Adventure Forest“
- Jugendstil- oder Nachtwächterführung
- Radfahren, Wandern oder Mountainbiking

MoselTreffpunkt
www.Traben-Trarbach.de
Urlaub voller Flair

Tourist-Information Traben-Trarbach
Am Bahnhof 5 • 56841 Traben-Trarbach
Tel: 06541 / 83980 • Fax: 06541 / 839839
www.traben-trarbach.de • info@traben-trarbach.de

MOSEL
WeinKulturLand

Entdecken und Genießen

Entdecken Sie das einmalige Weinkulturland Mosel. Malerisch verlaufende, erlebnisreiche Themen- und Kulturrouten auf der Mosel.Erlebnis.Route oder der Straße der Römer und kilometerlange Radwege entlang des Flusslaufes machen Appetit auf mehr. Unser Genießer-Tipp: Spitzenweine direkt vom Winzer. Weitere Informationen erhaten Sie unter **www.mosellandtouristik.de** oder Telefon +49(0)6531-97330, Kordelweg 1, D-54470 Bernkastel-Kues

ERLEBNISZENTRUM VILLEROY & BOCH

Ein Erlebnis der besonderen Art

Im prächtigen Barockbau der Alten Abtei in Mettlach, dem Sitz des Lifestyle-Anbieters Villeroy & Boch, werden 260 Jahre Unternehmensgeschichte lebendig:

Keravision · Erlebniswelt Tischkultur
Keramikmuseum mit neu-historischem MuseumsCafé
Informationszentrum Bad, Küche, Fliesen und Wellness
Parklandschaft mit Erdgeist · Outlet Center

Alte Abtei · Saaruferstraße
D-66693 Mettlach
Tel. 0 68 64 - 81 10 20

Mo.– Fr. 09.00 – 18.00 Uhr
Sa. 09.30 – 18.00 Uhr

Villeroy & Boch 1748

www.villeroy-boch.com

Tauchen Sie ein ...

... in eine 2000 Quadratmeter große Welt aus Wasser und Dampf und in eine Saunalandschaft, die Sie begeistern wird.

MOSEL THERME

Wildsteiner Weg · 56841 Traben-Trarbach
Tel. 06541 - 83030 · www.moseltherme.de

WINZERHOF

★★★
HOTEL-GARNI

Herzliche Gästebetreuung und liebevoll eingerichtete Komfortzimmer mit DU/WC, Minibar, Safe, SAT-TV, Telefon, Fax-Anschl., Radio in Zimmer u. Bad, Fön, Garage. Reichhaltiges Frühstücksbuffet bis 12 Uhr.

Gemütliche Weinstube, edle Tropfen aus eigenem Weingut. Radvermietung, Radtransfer, Hotelbroschüre.

54498 **Piesport/Mosel**
T (0 65 07) 92 52 0 · F 92 52 52
www.hotelwinzerhof.de

RÖMISCHE WEINSTRASSE

Die Tourist-Information Roemische Weinstrasse

...informiert Sie über Veranstaltungen, Freizeitangebote, Weinproben, Ausflugsfahrten, Schiffsausflüge, Wanderungen

...vermittelt Gästezimmer und Ferienwohnungen

...arbeitet individuelle Angebote für Ihren Aufenthalt aus u.v.m.

Tourist-Information
Roemische Weinstrasse
Brückenstr. 46, 54338 Schweich
Tel. 06502-93380, Fax -933815
www.roemische-weinstrasse.de

Mit einem spektakulären Panoramablick über die historische Römermetropole Trier liegt in romantischer Einzellage das denkmalgeschützte Berghotel Kockelsberg.

Unsere 3-Sterne-Komfortzimmer sind alle mit Dusche/WC, Sat-TV und Telefon ausgestattet.

Neben unseren separaten Räumlichkeiten für Familienfeiern und Konferenzen verfügen wir über eine ruhige Sonnenterrasse mit Panoramablick.

Die umfangreiche Speisekarte enthält eine Auswahl an regionalen und internationalen Gerichten.

Den Flughafen in Luxemburg ereichen Sie in 20 Minuten.

Herzlich willkommen!
Familie Erdmann

Berghotel Kockelsberg Trier ★★★

Berghotel Kockelsberg
Kockelsberg 1, 54293 Trier
Tel. 0651/8248000
Fax 0651/8248290
e-mail: HoKoTr@aol.com
www.kockelsberg.de

Anzeigen

LIEFERBARE AUSGABEN

HB BILDATLAS

Deutschland

227 Allgäu
198 Altmühltal
204 Bayerischer Wald
235 Berlin
235 Berlin (englische Ausgabe)
289 Bodensee · Oberschwaben
298 Brandenburg
296 Chiemgau · Berchtesgadener Land
274 Dresden · Sächsische Schweiz
256 Eifel · Aachen
260 Elbe und Weser · Bremen
303 Erzgebirge · Vogtland · Chemnitz
242 Frankfurt · Taunus · Rheingau
269 Fränkische Schweiz
253 Hamburg
263 Harz
234 Hunsrück · Naheland · Rheinhessen
233 Leipzig · Halle ·Magdeburg
209 Lüneburger Heide
285 Mainfranken
307 Mecklenburgische Seen
240 Mecklenburg-Vorpommern
151 Mittelfranken
249 Mosel
165 München
255 Münsterland · Münster
281 Nordseeküste · Schleswig-Holstein
196 Oberbayern zwischen Lech und Inn
271 Odenwald · Bergstraße
219 Osnabrücker Land · Emsland · Oldenburger Münsterland · Grafschaft Bentheim
211 Ostfriesland · Oldenburger Land
290 Ostseeküste · Mecklenburg-Vorpommern
277 Ostseeküste · Schleswig-Holstein
215 Pfalz
194 Potsdam · Havelland
243 Rhein zwischen Köln und Mainz
288 Rhön
314 Rügen · Usedom · Hiddensee
300 Ruhrgebiet
258 Sachsen
286 Sachsen-Anhalt
268 Sauerland
200 Schwäbische Alb
266 Schwarzwald · Norden
214 Spreewald · Lausitz · Märkisch-Oderland
247 Südlicher Schwarzwald
224 Sylt · Amrum · Föhr
312 Teutoburger Wald
261 Thüringen
301 Thüringer Wald
202 Trier
237 Weserbergland

Benelux

246 Amsterdam
187 Flandern · Brüssel
275 Niederlande

Frankreich

160 Atlantikküste
278 Bretagne
217 Burgund
225 Côte d'Azur
222 Elsass
221 Korsika
295 Normandie
229 Paris
315 Provence
184 Südfrankreich · Languedoc-Roussillon

Griechenland

193 Athen · Peloponnes
189 Korfu · Ionische Inseln
228 Kreta
310 Zypern

Grossbritannien · Irland

294 Irland
175 London
231 Nordengland
304 Schottland
241 Südengland

Italien · Malta · Kroatien

195 Adriaküste · Emilia Romagna
239 Gardasee · Trentino
309 Golf von Neapel · Kampanien
265 Italienische Riviera
282 Italien · Norden
238 Kroatische Adriaküste
254 Malta
210 Mittelitalien
270 Oberitalienische Seen · Mailand
230 Piemont · Aostatal
226 Rom
264 Sardinien
232 Sizilien
201 Süditalien: Apulien · Basilikata
207 Südtirol
267 Toskana
313 Venedig · Venetien

Mittel- und Osteuropa

292 Baltikum
280 Bulgarien
283 Danzig · Ostsee · Masuren
248 Prag
291 St. Petersburg
244 Südpolen · Breslau · Krakau
306 Tschechien
297 Ungarn

Österreich

293 Kärnten
199 Niederösterreich · Wachau
218 Oberösterreich
220 Salzburger Land · Salzkammergut · Salzburg
174 Tirol
206 Wien

Schweiz

305 Schweiz
302 Tessin

Spanien · Portugal

236 Algarve · Lissabon
223 Andalusien
287 Barcelona
150 Costa Blanca
262 Costa Brava
176 Gran Canaria · Fuerteventura · Lanzarote
213 Ibiza · Formentera · Menorca
259 Kanarische Inseln
245 Lanzarote
212 Mallorca
203 Nordportugal
205 Nordspanien · Atlantikküste Jakobsweg · Galicien
177 Teneriffa · La Palma · Gomera · Hierro

Skandinavien

183 Bornholm
279 Dänemark
180 Nordnorwegen
276 Norwegen · Süden
250 Südschweden · Stockholm

Türkei

252 Türkische Mittelmeerküste

Außereuropäische Ziele

273 Australien Osten · Sydney
284 China
311 Kalifornien
251 Kanadas Westen
299 Neuseeland
272 New York
257 Südafrika

Länderübergreifende Bände

308 Donau

HB BILDATLAS SPECIAL

Afrika · Naher Osten

67 Ägypten
64 Arabien: V. A. Emirate · Oman · Kuwait · Qatar · Bahrain
72 Marokko
61 Namibia
71 Tunesien · Libyen

Australien · Ozeanien

45 Australien: Westen

Europa

54 Madeira · Azoren · Kapverden

Süd- und Südostasien · Ferner Osten

10 Hongkong
53 Indien: Rajasthan · Delhi · Agra
69 Philippinen
34 Sri Lanka und Malediven
70 Thailand

Süd- und Mittelamerika · Karibik

57 Chile
55 Dominikanische Republik · Haiti
60 Jamaika
65 Kleine Antillen: Antigua Guadeloupe · Martinique · Barbados u. a.
73 Mexiko

USA · Kanda

58 Alaska
62 Florida
68 Las Vegas · Grand Canyon
56 Nordwesten: Washington · Oregon
59 Texas

HB BILDATLAS SONDERAUSGABEN

Ski-Special Alpen 2008
Alpen Special 2008